Dorsaf Omri

Développement et application de la MoM dans le domaine temporel

Dorsaf Omri

Développement et application de la MoM dans le domaine temporel

Développement et application de la MoM dans le domaine temporel pour l'analyse de la diffraction transitoire

Presses Académiques Francophones

Imprint

Any brand names and product names mentioned in this book are subject to trademark, brand or patent protection and are trademarks or registered trademarks of their respective holders. The use of brand names, product names, common names, trade names, product descriptions etc. even without a particular marking in this work is in no way to be construed to mean that such names may be regarded as unrestricted in respect of trademark and brand protection legislation and could thus be used by anyone.

Cover image: www.ingimage.com

Publisher:
Presses Académiques Francophones
is a trademark of
International Book Market Service Ltd., member of OmniScriptum Publishing Group
17 Meldrum Street, Beau Bassin 71504, Mauritius

Printed at: see last page
ISBN: 978-3-8416-3353-8

Zugl. / Agréé par: Tunis, Ecole Nationale d'Ingénieurs de Tunis, 2015

Copyright © Dorsaf Omri
Copyright © 2015 International Book Market Service Ltd., member of OmniScriptum Publishing Group
All rights reserved. Beau Bassin 2015

Résumé

La diffraction transitoire est un phénomène étroitement lié à la compatibilité électromagnétique (CEM). En effet, tout dispositif peut être source ou victime des ondes électromagnétiques perturbatrices. De ce fait, le besoin de la prédiction de l'environnement électromagnétique, dans lequel les équipements électromagnétiques fonctionnent, est l'un des objectifs des études CEM. Ces dernières font appel à différentes méthodes numériques. Dans sa formulation fréquentielle, la méthode des moments (MoM) est l'une des méthodes les plus appliquées pour la résolution des équations intégrales modélisant un phénomène de diffraction.

Dans ce travail, l'approche temporelle de cette méthode a été développée afin de la rendre applicable pour la résolution des équations intégrales spatio-temporelles (TD-IE) relatives aux problèmes de diffraction transitoire. La démarche adoptée repose sur le choix de la base temporelle adéquate pour aboutir à des solutions stables. Pour cela, trois schémas itératifs ont été développés en se basant sur des fonctions de Dirac, fonctions B-Spline et fonctions de Laguerre. Suite à une étude comparative de ces trois schémas, nous avons adopté l'approche temporelle de la MoM (TD-MoM) associée aux fonctions de Laguerre.

La deuxième partie de nos travaux a été consacrée à l'application de la TD-MoM. Dans ce contexte, nous avons considéré en premier lieu, un fil mince illuminé par une onde incidente transitoire, puis un réseau d'antennes dont plusieurs éléments sont sources de perturbations.

Les cavités avec ouvertures ont également fait l'objet de nos travaux. En effet, nous avons étudié la réponse transitoire des composants enfermés dans une cavité et qui sont victimes des perturbations transitoires externes, pénétrant à l'intérieur de la cavité à travers l'ouverture. Nous nous sommes également intéressés à l'étude des réponses transitoires des composants localisés au voisinage de la cavité et qui peuvent être affectés par le rayonnement de cette dernière. Une étude de couplage à travers l'ouverture entre les composants interne et externe a été menée.

Ainsi, pour les différentes applications, nous avons commencé par la formulation du problème puis le développement d'un système d'équations intégrales en champ électrique (TD-EFIE) et finalement l'application de la TD-MoM pour la résolution des TD-EFIE.

Mots clés : *Cavité avec ouverture ; fil mince ; fonction B-Spline; fonction de Laguerre; Galerkin ; principe d'équivalence; méthode de collocation ; onde incidente transitoire; réponse transitoire ; TD-MoM; TD-EFIE.*

Abstract

In electromagnetic compatibility, it is interesting to study the transient electromagnetic scattering. In fact, any telecommunication system may be source and/or victim of the transient electromagnetic waves. For defense and security raisons, it is important to predict the transient responses of the telecommunication system and to study therefore the coupling between the components of the system.

Several approaches, such as the Method of Moments (MoM), have been applied as a solution for this important and challenging task. In frequency domain, the latter method is shown to be more efficient for diffraction analysis. For this, in the first part of this work, we have developed the time domain approach of the MoM. The latter was used to study the transient electromagnetic scattering.

For numerical procedure, three temporal basis were used; namely: Dirac, B-Spline and Laguerre functions. Hence, three iterative schemes were developed. Following a comparison in terms of complexity of the time approaches, accuracy and stability were demonstrated in this work. Based on the results stemming from this comparison, we have adopted the Laguerre functions as temporal basis for the different applications later conducted.

In the second part of this work, we have firstly applied the TD-MoM to study the transient response of the thin wire antenna illumined by transient electromagnetic wave and the thin wire antennas array. Analysis of these responses depends on the separation distances between the antennas.

Secondly, we have studied the transient responses of a rectangular cavity containing internal scatterer coupled to external scatterer through a slot mounted in cavity wall. The system was exited by internal and external transient waves through the slot.

For different applications, we have proceeded by formulating the analyzed problem and by developing a system of time Domain Integral Equations (TD-EFIE). Then, the TD-MoM was applied to solve this system. Stable and accurate solutions were obtained.

Keywords: *B-Spline function; equivalence principle; Galerkin; Laguerre function; Marching-in on Time method; rectangular cavity; TD-EFIE; TD-MoM; thin wire antenna; transient electromagnetic waves; transient electric and magnetic currents.*

Table des matières

Introduction Générale 1

Chapitre 1 4

Etat de l'art sur la compatibilité électromagnétique (CEM) et les méthodes de modélisation appliquées dans le domaine temporel 4

    1.1.   Introduction 4

    1.2.   Compatibilité Electromagnétique CEM 5

        1.2.1.   Les Sources de perturbation 5

        1.2.2.   La propagation des perturbations 6

        1.2.3.   Le principe de la diffraction électromagnétique 7

        1.2.4.   La protection des équipements électromagnétiques 7

    1.3.   Le formalisme électromagnétique 8

        1.3.1.   Les équations de Maxwell 9

        1.3.2.   La théorie des potentiels magnétique et électrique 9

        1.3.3.   La Jauge de Lorentz 10

        1.3.4.   Les conditions aux limites 10

    1.4.   Les méthodes de modélisation électromagnétique temporelles 11

        1.4.1.   La méthode de développement en singularité (SEM – Singular Expansion Method) 11

        1.4.2.   La méthode des différences finies (FDTD- Finite Difference Time Domain) 12

        1.4.3.   La méthode TLM (Transmission Line Matrix) 14

        1.4.4.   La méthode des éléments finis (TD-FEM Time Domain Finite Element Method) 15

        1.4.5.   La méthode des équations intégrales dans le domaine temporel (TD-IE Time Domain Integral Equation) 16

    1.5.   Conclusion 18

Chapitre 2 19

Développement de l'approche temporelle de la Méthode des Moments (TD-MoM) 19

    2.1.   Introduction 19

iv

2.2. Formulation mathématique de la MoM 20
2.3. L'équation intégrale du champ électrique (TD-EFIE) modélisant un fil mince 22
   2.3.1. Les approximations 22
   2.3.2. La formulation de la TD-EFIE 23
2.4. La Méthode des Moments dans le domaine temporel (TD-MoM) 24
   2.4.1. Le développement de la TD-MoM par la distribution de Dirac 25
   2.4.2. Le développement de la TD-MoM par les fonctions B-Spline 27
   2.4.3. Le développement de la TD-MoM par les fonctions de Laguerre 31
   2.4.4. Les résultats de simulation 36
2.5. Application de la TD-MoM associée aux fonctions de Laguerre pour étudier la réponse transitoire d'un réseau d'antennes minces 40
   2.5.1. La formulation Générale 41
   2.5.2. La résolution des TD-EFIE : Application de la TD-MoM 42
   2.5.3. Les résultats de simulation 43
2.6. Conclusion 47

Chapitre 3 48
Application de la TD-MoM pour l'étude de la réponse transitoire d'une cavité rectangulaire avec fente excitée par deux sources perturbatrices 48
3.1. Introduction 48
3.2. Position du problème 49
3.3. Formulation des équations intégrales en champ électrique TD-EFIE 50
   3.3.1. Principe d'équivalence 50
   3.3.2. Formulation générale 52
3.4. Résolution des équations intégrales : TD-MoM 55
   3.4.1. Procédure spatiale 55
   3.4.2. Procédure Temporelle 57
3.5. Résultats de simulation 61
   3.5.1. Réponse transitoire de la structure 63
   3.5.2. Etude du couplage 65
3.6. Conclusion 68

Chapitre 4 69
Application de la TD-MoM pour la résolution des problèmes de cavités complexes 69
4.1. Introduction 69
4.2. Etude du couplage à travers une ouverture entre un obstacle enfermé dans une cavité rectangulaire et une onde incidente transitoire externe 70

    4.2.1. Formulation mathématique.. 70

    4.2.2. Etude paramétrique 72

  4.3. La réponse transitoire d'une cavité enfermant K antennes et excitée par une perturbation transitoire externe 82

    4.3.1. Système d'équations intégrales 82

    4.3.2. Résultats de simulation.. 84

  4.4. Conclusion... 88

Conclusion Générale 89

Annexe A 91

Les matrices spatiales issues du schéma Laguerre et les termes retard...................................... 91

Références Bibliographiques... 94

Liste des publications 99

Liste des figures

Figure 1.1 : Modèle « Source/Victime/Couplage ». 5
Figure 1.2 : La diffraction électromagnétique. 7
Figure 1.3 : Conditions aux limites entre le milieu 1 et le milieu 2. 11
Figure 1.4 : La grille de Yee. 13
Figure 1.5 : Le modèle « Leap-Frog ». 13
Figure 1.6 : Réseau TLM-2D excité par une impulsion de Dirac. 14
Figure 1.7 : Exemple d'élément fini : (a) Premier et second ordre ; (b) Second ordre 3D. 15
Figure 2.1: Fonction de base et de test : (a1) Fonction impulsion rectangulaire ; (a2) Approximation en escalier ; (b1) Fonction triangulaire linéaire ; (b2) Approximation linéaire par morceaux ; (c1) Fonction triangulaire sinusoïdale ; (c2) Approximation sinusoïdale par morceaux. 22
Figure 2.2 : Structure du problème : Fil mince. 23
Figure 2.3 : Cinq B-Spline uniformes d'ordre 1, 2 et 3. 28
Figure 2.4 : Les quatre fonctions de Laguerre d'ordre 0,1, 2 et 3. 32
Figure 2.5 : Evolution de l'erreur en fonction du nombre d'itérations et par variation du nombre de fonctions de Laguerre. 38
Figure 2.6 : La réponse transitoire au centre de l'antenne. 39
Figure 2.7 : La distribution du courant spatio-temporelle. 39
Figure 2.8 : Réseau d'antennes minces : (a) Localisation des différentes antennes ; (b) Distance de séparation (ou distance de risque). 41
Figure 2.9 : Réseau de deux antennes finies et identiques. 44
Figure 2.10 : Le couplage spatial. 45
Figure 2.11 : Le courant transitoire au centre de l'antenne pour différentes distances de séparation d. 45
Figure 2.12 : La densité de courant transitoire au centre des deux antennes : (a) d=0.001*L ; (b) d=0.01*L ; (c) d=0.1*L ; (d) d=0.5*L. 46
Figure 3.1: Géométrie du problème : (a) Le problème initial; (b) Les différents domaines ; (c) Problème externe équivalent ; (d) Problème interne équivalent. 51
Figure 3.2: Distance d'interaction R_{ij} : (a) Cas du problème interne ; (b) Cas du problème externe. 54
Figure 3.3: Fonction spatiale décrivant le domaine Ω_4. 56
Figure 3.4: Géométrie et paramètres du problème à modéliser. 61
Figure 3.5: La densité de courant électrique au centre de l'antenne externe. 64
Figure 3.6: La densité de courant électrique au centre de l'antenne interne. 64
Figure 3.7: Densité de courant magnétique au centre de l'ouverture. 64

Figure 3.8: La variation du couplage en fonction de la distance d et en fonction de la distance D. 65
Figure 3.9: La densité de courant magnétique au centre de l'ouverture en fonction de la distance de séparation d. 66
Figure 3.10: La variation de la densité de courant magnétique au centre de l'ouverture en fonction de la distance de séparation D. 66
Figure 3.11: La variation de la densité de courant magnétique au centre de l'ouverture en fonction des distances de séparation d et D. 67
Figure 3.12: La densité de courant magnétique au centre de l'ouverture en fonction de l_s. 67
Figure 4.1: Le problème à analyser : (a) Problème initial ; (b) Les différents domaines ; (c) Le problème équivalent interne; (d) Le problème équivalent externe. 70
Figure 4.2: Les paramètres du système à modéliser : a=2*b mm, b=109.3 mm, D=43.7 mm ; P=32.8 mm, l_w=l_s=39.5 mm et e=10^{-5} mm (e est l'épaisseur de l'antenne et des parois de la cavité). 73
Figure 4.3: La réponse transitoire de l'antenne mince localisée dans l'espace libre : (a) Distribution spatiale de la densité de courant électrique à t = 1.3. 10^{-9} s; (b) Réponse temporelle au centre de l'antenne. 74
Figure 4.4: La réponse transitoire de l'antenne mince enfermée dans la cavité : (a) Distribution spatiale de la densité de courant électrique à t = 1.3*10^{-9} s; (b) Réponse temporelle au centre de l'antenne. 75
Figure 4.5: Les différentes longueurs de la fente : (a) l_{s1}=0.25*ls; (b) l_{s2}=0.5*ls; (c) l_{s3}=ls. 75
Figure 4.6: La densité de courant magnétique au centre de l'ouverture pour différentes longueurs de l'ouverture. 76
Figure 4.7: La réponse transitoire de l'antenne pour différentes longueurs de l'ouverture: (a) La densité de courant électrique au centre de l'antenne; (b) La distribution spatiale de la densité de courant à t = 1.3* 10^{-9} s. 76
Figure 4.8: La réponse transitoire de l'antenne en fonction de la position de l'ouverture (P_1=10.9 mm, les coordonnées du centre de l'ouverture (218.5 mm, 30.7 mm)), (P_2=32.8 mm, les coordonnées du centre de l'ouverture (218.5 mm, 52.5 mm)) et (P_3=54.6 mm, les coordonnées du centre de l'ouverture (218.5mm, 74.4 mm)): (a) La densité de courant électrique au centre de l'antenne; (b) La distribution spatiale du courant à t = 1.3* 10^{-9}s. 77
Figure 4.9: La densité de courant magnétique au centre de l'ouverture pour différentes distances de séparation D. 78
Figure 4.10: La densité de courant électrique au centre de l'antenne: (a) Pour les distances de séparation D_1, D_2, D_3, D_4, D_5; (b) Pour les distances D_3, D_4 et D_5 (un zoom). 79
Figure 4.11: La distribution spatiale du courant à l'instant t = 1.3* 10^{-9} s en fonction de l_w. 80
Figure 4.12: La réponse transitoire du système : (a) La densité de courant électrique au centre de l'antenne; (b) La densité de courant magnétique au centre de l'ouverture. 80
Figure 4.13: Le problème à analyser : Paramètres de la structure. 84
Figure 4.14: Les réponses transitoires aux centres des trois antennes pour différentes distances de séparation : (a) Position 1 ; (b) Position 2 ; (c) Position 3. 86
Figure 4.15: La distribution spatiale de chaque antenne à l'instant t = 1.3* 10^{-9} s. 86
Figure 4.16: La densité de courant magnétique au centre de l'ouverture. 87
Figure 4.17: La densité de courant magnétique au centre de l'ouverture pour différentes positions. 87

Figure 4.18: La réponse transitoire au centre de chaque antenne pour différentes positions : (a) Position 1 ; (b) Position 2 ; (c) Position 3. 88

Liste des Tableaux

Tableau 2.1: Comparaison des temps de calcul et des erreurs. 37
Tableau 3.1: Les paramètres de la structure. 62
Tableau 3.2: Les paramètres de discrétisation spatiale. 62
Tableau 4.1: Les dimensions et les positions des antennes. 85
Tableau 4.2: Les positions des antennes. 85

Introduction Générale

L'évolution extrêmement rapide des différentes technologies dans le domaine de télécommunication ainsi que la complexité croissante des dispositifs ont donné naissance à la Compatibilité Electromagnétique (CEM) [1]. En effet, la CEM définit des seuils de tolérance de ces dispositifs en termes d'émission et en termes d'immunité.

Par conséquent, la prédiction de l'environnement électromagnétique dans lequel les équipements électromagnétiques fonctionnent est devenue l'un des objectifs des études CEM où diverses méthodes numériques interviennent.

En fait, avec l'accroissement des performances des ordinateurs, une grande variété des méthodes numériques de résolution des problèmes électromagnétiques a été développée et son utilisation est devenue plus aisée et incontournable. Ces méthodes diffèrent par leurs formulations, leurs validités, leurs performances et leurs domaines d'analyse : temporel ou fréquentiel.

La Méthode des Moments (MoM) est l'une des méthodes de modélisation les plus populaires. Cette méthode, typiquement fréquentielle, est la plus adaptée pour la résolution des équations intégrales, surtout dans le cas des problèmes de diffraction et de rayonnement. Elle permet de déterminer directement et de manière précise la distribution du courant dans les structures étudiées et de remonter ensuite au champ électromagnétique en tout point de l'espace. Néanmoins, elle présente l'inconvénient majeur d'être inefficace dans la caractérisation des systèmes à large bande de fréquence. Elle constitue, en outre, une méthode peu convenable à l'analyse des problèmes non-linéaires et des phénomènes transitoires. De ce fait, la formulation de cette méthode dans le domaine temporel s'avère indispensable.

Dans cette optique, notre travail consiste à reformuler la MoM dans le domaine temporel afin de pouvoir résoudre des problèmes de diffraction transitoire, particulièrement des problèmes liés à la CEM.

En effet, dans cette thèse, nos recherches s'articulent, en premier lieu autour du développement d'un nouveau modèle numérique basé sur des équations intégrales formulées dans le domaine temporel et ce dans le but de prédire la réponse d'un système soumis à des agressions ou perturbations électromagnétiques transitoires. La démarche adoptée repose sur le choix de la base temporelle adéquate pour aboutir à des solutions stables. Pour cela, trois bases différentes dérivant des fonctions de Dirac, fonctions B-Spline et fonctions de Laguerre sont utilisées afin d'aboutir à un schéma itératif inconditionnellement stable.

Pour appliquer l'approche temporelle de la MoM, nous nous intéressons à la formulation d'un problème de diffraction par un fil mince dans l'espace libre. Le fil est soumis à une perturbation transitoire sous forme d'une onde électromagnétique incidente. Ce phénomène est modélisé par une équation intégrale en champ électrique (Time Domain Electric Field Integral Equation TD-EFIE). Cette équation est résolue par application de la TD-MoM.

Ensuite, et en se basant sur le résultat obtenu, nous développons une formulation générale permettant de traiter un réseau d'antennes, dont un ou plusieurs éléments sont sources de perturbations transitoires. Les TD-FEIE développées dépendent des distances de sécurité ou de risque qui séparent les éléments du réseau.

Un autre volet de notre mémoire est consacré à l'étude des cavités avec ouvertures. En effet, une cavité avec ouvertures peut être source de perturbation si elle est excitée par des parasites transitoires internes. Cette source va rayonner vers l'extérieur et peut se coupler à travers les ouvertures avec un système externe, et dans certains cas elle peut l'endommager s'il est suffisamment vulnérable pour être affecté. Un autre problème de haute importance est celui de la transmission d'une onde transitoire perturbatrice à travers les ouvertures à l'intérieur d'une cavité. Cette onde risque de détruire des composants enfermés dans cette dernière.

A l'égard de l'importance du couplage à travers les ouvertures, interne ou externe, nous développons un nouveau modèle mathématique général qui permettra de modéliser ces problèmes à travers un système d'équations intégrales formulé dans le domaine temporel. Pour résoudre ce système, nous appliquons la MoM dans son formalisme temporel.

Le présent rapport s'articule autour de quatre chapitres dont le premier est consacré à une étude bibliographique générale. Dans cette étude, tout d'abord nous allons situer le problème à modéliser d'un point de vue CEM. Ensuite, un rappel des méthodes numériques temporelles est présenté afin de justifier le choix d'utiliser la méthode des équations intégrales (TD-IE) associée à la MoM tout au long de ce travail.

Le deuxième chapitre se divise en trois parties. Dans la première partie nous présentons le principe général de la MoM. Par la suite, nous formulons un problème de diffraction transitoire par un fil mince. Afin de résoudre la TD-IE et de contourner le problème majeur de stabilité, nous appliquons la MoM avec trois bases temporelles différentes. Ces bases sont les fonctions de Dirac, les fonctions B-Spline et les fonctions de Laguerre. Une étude comparative est menée afin de justifier le choix adopté à savoir : l'application de la TD-MoM avec les polynômes de Laguerre. La troisième partie de ce chapitre est consacrée à la prédiction de la réponse transitoire d'un réseau d'antennes.

Dans le chapitre suivant, nous élaborons une nouvelle formulation générale qui permettra d'étudier la réponse transitoire des composants enfermés dans une cavité et qui sont victimes des perturbations transitoires externes, pénétrant à l'intérieur de la cavité à travers l'ouverture. La formulation développée permettra également d'étudier la réponse transitoire des composants localisés au voisinage de la cavité et qui peuvent être affectés par le rayonnement de cette dernière. La TD-MoM est appliquée pour résoudre le système d'équations obtenu.

Dans le dernier chapitre, nous mènerons une étude paramétrique « spatio-temporelle » afin de prouver que notre formulation permettra de prédire la réponse d'un système soumis à des risques liés aux perturbations électromagnétiques et de détecter les paramètres qui influent sur la réponse de ce système. Dans une deuxième partie, nous allons également appliquer cette formulation pour étudier des problèmes de cavité plus complexes.

Chapitre 1
Etat de l'art sur la compatibilité électromagnétique (CEM) et les méthodes de modélisation appliquées dans le domaine temporel

1.1. Introduction

En télécommunication, certains équipements peuvent être à l'origine des signaux perturbateurs transitoires. Ces signaux sont rapides et énergétiques. Par exemple, un émetteur peut produire un champ élevé à faible distance de l'antenne d'émission. Il peut arriver que ce champ diffracte sur des matériels électroniques, situés à proximité de l'antenne émettrice et insuffisamment protégés. Alors, il provoque leurs dysfonctionnements par diffraction en régime transitoire.

En fait, la diffraction en régime transitoire intéresse plusieurs domaines tels que la compatibilité électromagnétique (CEM) [1] car la prédiction de la réponse d'un obstacle illuminé par une perturbation électromagnétique peut intervenir dans l'immunité de ce dernier.

Toutefois, l'étude de la diffraction en régime transitoire peut se situer, en CEM, dans un contexte de prédiction des perturbations induites et peut être bénéfique notamment dans le domaine de la protection d'installation de télécommunication contre les impulsions transitoires.

Dans ce chapitre, différentes études bibliographiques ont été menées. Tout d'abord, nous abordons les différents aspects de la CEM. Ensuite, nous présentons le formalisme électromagnétique. Enfin, nous présentons les différentes méthodes numériques permettant la modélisation de la diffraction directement dans le domaine temporel.

1.2. Compatibilité Electromagnétique CEM

La compatibilité électromagnétique (CEM ou EMC ElectroMagnetic Compatibility), telle que la directive européenne l'a définie, est : «L'aptitude d'un dispositif, d'un appareil ou d'un système à fonctionner de façon satisfaisante et sans produire lui-même des perturbations électromagnétiques intolérables pour tout ce qui se trouve dans cet environnement». (IEC : International Electrotechnical Commission). Ainsi, des tests de CEM sont exigés avant la commercialisation de tout appareil afin de garantir :
- un appareil fonctionne de façon satisfaisante en présence des perturbations externes ;
- les perturbations électromagnétiques émises par n'importe quel appareil ne gênent pas le fonctionnement des systèmes au voisinage de ce dernier.

Le modèle « Source/Couplage/Victime » est adopté pour l'étude ou la modélisation de la CEM, à savoir :
- Source : l'émettrice du signal perturbateur ou signal parasite ;
- Victime : le récepteur de ce signal ;
- Couplage : l'interaction entre la source et la victime tel que présenté dans la figure 1.1.

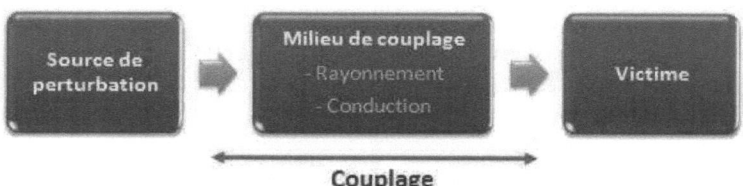

Figure 1.1 : Modèle « Source/Victime/Couplage ».

1.2.1. Les Sources de perturbation

1.2.1.1. Les perturbations électromagnétiques

D'après la Communauté Européenne, «les perturbations électromagnétiques sont des phénomènes électromagnétiques susceptibles de créer des troubles de fonctionnement d'un dispositif, d'un appareil ou d'un système. Une perturbation électromagnétique peut être un bruit électromagnétique, un signal non désiré ou une modification du milieu de propagation lui-même».

Néanmoins, toute onde électromagnétique, conduite ou rayonnée, capable d'influencer le comportement d'un système électronique est considérée comme perturbation électromagnétique. Les sources de perturbations peuvent être d'origine naturelle (foudre) ou humaine (système de communication, appareil industriel, énergie électrique,…).

Les perturbations [1][2], sont classées, par durée, en des perturbations permanentes et transitoires :
- **Perturbations permanentes** : Lorsque la source commence à émettre des perturbations dès la mise en marche de l'appareil qui génère cette source. Citons comme exemple les perturbations provenant de l'émetteur radio.
- **Perturbations transitoires** : Si l'émission est aléatoire et la source n'est pas destinée à l'émission radiofréquence. Elles peuvent être illustrées par des impulsions comme les ondes de foudre. Elles sont caractérisées par la durée d'impulsion et la durée de montée.

1.2.1.2. Le régime transitoire

En physique, le régime transitoire est l'évaluation d'un système qui n'a pas atteint un état stable (régime permanent). Alors qu'en électromagnétisme, c'est le phénomène qui se produit suite à un changement d'état dans le système de communication. Les origines des changements d'état sont dues à des perturbations multiples telles qu'une modification de la source ou de la configuration d'un circuit, citons comme exemple l'ouverture et la fermeture d'un interrupteur. Ces perturbations peuvent provoquer des effets indésirables dans le fonctionnement du système et peuvent même l'endommager. C'est pour ces raisons qu'il faut faire face à ce problème et le rendre contrôlable.

1.2.1.3. Exemples de perturbations provoquant le régime transitoire

Plusieurs sources peuvent être à l'origine du phénomène transitoire, nous citons :
- La foudre : décharge électrique d'origine atmosphérique entre le nuage et la terre. C'est un processus naturel complexe faisant intervenir les lois de l'électrostatique, l'électromagnétisme, la thermodynamique, l'aérodynamique, etc.
- Les décharges électrostatiques : passage brusque de courant électrique entre des composants possédants des potentiels électriques différents.
- Les émissions radioélectriques.
- Les perturbations des équipements électroniques.

1.2.2. La propagation des perturbations

Le couplage, comme présenté à la figure 1.1, correspond au transfert d'un bruit électromagnétique de la source vers la victime. Ce transfert ou propagation des perturbations s'effectue par conduction ou par rayonnement.

- **En conduction** : C'est l'injection des perturbations à travers un conducteur, en l'occurrence, les fils reliant les capteurs, les commandes, les alimentations, les masses et les mises à terre. Dans ce type de couplage, les perturbations interviennent soit en mode commun soit en mode différentiel [4][5].

- **Par rayonnement** : C'est l'interaction d'une onde électromagnétique avec des fils, des câbles, des ouvertures dans les blindages, etc. Ces perturbations se couplent ensuite par conduction dans les composants et les circuits adjacents.

Notons que les normes CEM font la distinction entre champs proches et champs lointains.

1.2.3. Le principe de la diffraction électromagnétique

Comme nous nous intéressons, dans nos travaux, à la propagation par rayonnement des perturbations électromagnétiques transitoires, nous évoquons le principe de la diffraction des ondes électromagnétiques.

Physiquement, la diffraction est le comportement des ondes lorsqu'elles rencontrent un ou plusieurs obstacles qui ne leurs sont pas complètement transparents. Ce phénomène peut être interprété par la diffusion d'une onde réfléchie par les points de l'obstacle.

Prenons l'exemple d'un obstacle dans le vide, comme illustré à la figure 1.2, qui occupe le domaine Ω et séparé avec le milieu extérieur par Γ. Ce dernier est illuminé par une onde électromagnétique incidente (E^{inc}, H^{inc}). Cet obstacle va rayonner dans le domaine externe à Ω un champ électromagnétique (E_2, H_2).

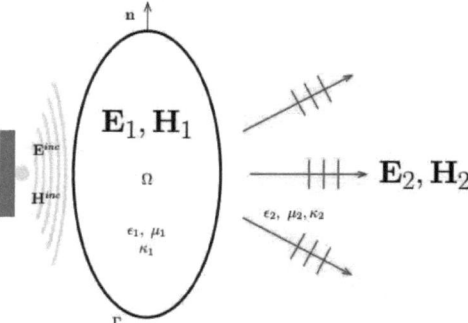

Figure 1.2 : La diffraction électromagnétique.

1.2.4. La protection des équipements électromagnétiques

La CEM se base sur deux notions fondamentales : le pouvoir perturbateur et l'immunité aux perturbations. Dans ce paragraphe, nous nous intéressons à l'immunité autrement dit aux mesures de protection envisagées pour garantir l'insensibilité des équipements à la réception des perturbations.

L'étude de l'immunité [3] d'un système repose soit sur une approche expérimentale (la mesure), soit sur la modélisation électromagnétique dont nous nous intéressons dans ce manuscrit.

1.2.4.1. **Les méthodes de mesure**

Plusieurs méthodes de mesure existent afin de tester l'immunité des équipements aux agressions électromagnétiques. Ces méthodes sont classées en méthodes conduites, méthodes de test en décharge électrostatique et méthodes rayonnées.

a) **Méthodes conduites** : Ces méthodes de mesure s'appliquent aux composants électroniques en mode conduit. Elles admettent un point commun qui consiste à l'injection d'un signal perturbateur à travers un point de connexion d'un composant afin d'évaluer sa susceptibilité. Nous citons les méthodes : BCI « Bulk Current Injection » [6], DPI « Direct Power Injection » [7], WBFC «WorkBench Faraday Cage»[7].

b) **Méthodes de test en décharge électrostatique** : L'énergie d'une décharge électrostatique est couplée avec un circuit électronique par différentes méthodes. A cet égard, plusieurs modèles ont été proposés pour simuler le comportement des circuits et des systèmes face aux ESD [8] tels que HBM « Human Body Model », MM « Machine Model » et CDM « Charge device Model ».

c) **Méthodes rayonnées** : Les composants sont illuminés par des antennes émettrices des perturbations. Les principales méthodes de mesure sont : Le site ouvert [3], Strip Line [9], chambre anéchoïque, chambre réverbérante [10], mesure par banc en champ proche.

1.2.4.2. **La modélisation électromagnétique**

Les méthodes de mesure sont des outils fondamentaux dans l'immunité des équipements. Par contre, ces dernières présentent différents inconvénients particulièrement au niveau du coût, l'espace nécessaire pour les tests (surtout les méthodes rayonnées) et faible couplage inévitable avec les circuits intégrés. Ces raisons mettent en évidence l'intérêt de la modélisation électromagnétique basée sur les équations de Maxwell.

Ainsi, une variété de méthodes, dites rigoureuses, a été développée pour l'électromagnétisme. Ces méthodes peuvent être classées en différentes catégories en fonction de leur formulation « différentielle ou intégrale » et de leur domaine d'analyse « temporel ou fréquentiel ».

Comme notre objectif est de développer un modèle de simulation électromagnétique permettant de modéliser les courants parasites induits par des perturbations électromagnétiques transitoires, nous présentons dans ce qui suit le formalisme électromagnétique qui repose sur les équations temporelles de Maxwell. Ensuite, nous présentons les différentes méthodes numériques formulées dans le domaine temporel. Notons que le choix d'une méthode numérique dépend de la particularité du problème à résoudre.

1.3. Le formalisme électromagnétique

La modélisation des phénomènes électromagnétiques telle que la diffraction et le couplage constitue un enjeu dans de nombreux domaines d'application dont la CEM.

Avant d'aborder l'étude mathématique et numérique de ces phénomènes, il convient de rappeler les équations que nous cherchons à résoudre sous leurs formes générales. Ainsi, les phénomènes électromagnétiques et leur nature ondulatoire sont décrits par les équations de Maxwell. Ces équations relient les champs électrique E et magnétique H aux sources des champs, aux densités des charges et aux densités des courants, électrique et magnétique.

1.3.1. Les équations de Maxwell

La théorie de l'électromagnétisme repose principalement sur les équations de Maxwell établies en 1870. Ces équations fournissent des relations entre les variations des grandeurs électromagnétiques en tout point de l'espace. Ces variations spatiales s'expriment par l'intermédiaire des opérateurs différentiels (rotationnel et divergence) alors que les variations temporelles s'expriment par la dérivée partielle par rapport au temps.

En coordonnées cartésiennes, les équations de Maxwell reliant les variations des grandeurs électromagnétiques à chaque instant t en un point $M(x, y, z)$ sont présentées dans (1.1).

$$\begin{cases} \nabla \wedge \vec{H}(x,y,z,t) = \dfrac{\partial \vec{D}(x,y,z,t)}{\partial t} + \vec{J}(x,y,z,t) \\ \nabla \wedge \vec{E}(x,y,z,t) = -\dfrac{\partial \vec{B}(x,y,z,t)}{\partial t} - \vec{M}(x,y,z,t) \\ \nabla \cdot \vec{D}(x,y,z,t) = \rho(x,y,z,t) \\ \nabla \cdot \vec{B}(x,y,z,t) = \rho_m(x,y,z,t) \end{cases} \qquad (1.1)$$

Avec

$\vec{E}$: Le champ électrique ;

$\vec{D}$: L'induction électrique ;

$\vec{H}$: Le champ magnétique ;

$\vec{B}$: L'induction magnétique ;

$(\vec{J}, \vec{M})$: Les densités des courants électrique et magnétique ;

(ρ, ρ_m) : Les densités des charges électrique et magnétique.

1.3.2. La théorie des potentiels magnétique et électrique

Des fonctions auxiliaires, appelées potentiels, sont introduites pour analyser les champs électromagnétiques. Nous distinguons des potentiels, scalaire et vecteur, magnétique et électrique déterminés par application de la dualité entre champ électrique et champ magnétique :

Densité de courant et de charge électrique : (J, ρ)	⟹	Potentiel vecteur (A)	⟹	(E_A, H_A)
Densité de courant et de charge magnétique : (M, ρ_m)	⟹	Potentiel vecteur (F)	⟹	(E_F, H_F)

Le champ électromagnétique total $(\vec{E}, \vec{H})$ rayonné par les différentes sources est la somme des champs $(\vec{E}_A, \vec{H}_A)$ générés par le courant électrique et les champs $(\vec{E}_F, \vec{H}_F)$ générés par le courant magnétique:

$$\vec{E} = \vec{E}_A + \vec{E}_F \qquad (1.2)$$
$$\vec{H} = \vec{H}_A + \vec{H}_F$$

Avec

$$(\vec{E}_A, \vec{H}_A) = \left(-\nabla \phi_e - \frac{\partial \vec{A}}{\partial t}, \frac{1}{\mu} \nabla \times \vec{A} \right) \qquad (1.3)$$

$$(\vec{E}_F, \vec{H}_F) = \left(-\frac{1}{\varepsilon} \nabla \times \vec{F}, \nabla \phi_m + \frac{\partial \vec{F}}{\partial t} \right) \qquad (1.4)$$

1.3.3. La Jauge de Lorentz

La Jauge de Lorentz impose un lien entre les potentiels scalaire et vecteur associés aux champs électrique et magnétique. Elle est exprimée dans les cas des sources électrique et magnétique par :

$$\nabla . \vec{A} + \frac{1}{c^2} \frac{\partial \phi}{\partial t} = 0, \quad \nabla . \vec{F} + \frac{1}{c^2} \frac{\partial \phi_m}{\partial t} = 0 \qquad (1.5)$$

Avec $c = 1/\sqrt{\varepsilon \mu}$

1.3.4. Les conditions aux limites

Les conditions aux limites permettent d'établir les relations de continuité entres les champs à l'interface de séparation Γ des milieux 1 et 2 (Figure 1.3). Les relations de continuité entre les champs $(\vec{E}_1, \vec{H}_1)$ et $(\vec{E}_2, \vec{H}_2)$ sont :

$$\begin{cases} \vec{n}_{21} \times (\vec{E}_1 - \vec{E}_2) = -\vec{M}_s \\ \vec{n}_{21} \times (\vec{H}_1 - \vec{H}_2) = \vec{J}_s \end{cases} \qquad (1.6)$$

Avec $(\vec{J}_s, \vec{M}_s)$ sont les densités surfaciques des courants électrique et magnétique sur l'interface Γ.

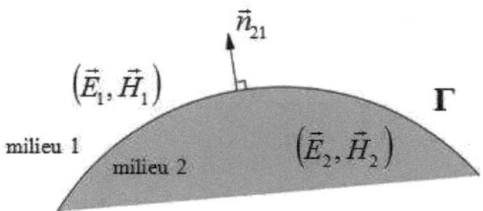

Figure 1.3 : Conditions aux limites entre le milieu 1 et le milieu 2.

1.4. Les méthodes de modélisation électromagnétique temporelles

La modélisation électromagnétique dans le domaine temporel a débuté avec la théorie harmonique. Cette théorie impose la connaissance des fréquences caractéristiques des systèmes à modéliser. Puis, la réponse temporelle est obtenue grâce à une transformée de fourier inverse (Inverse Fourier Transform IFT). Cette technique permet d'évaluer la solution des problèmes électromagnétiques dans le domaine temporel sans connaitre l'historique des solutions précédentes. Cependant, elle reste restreinte au problème linéaire et inapplicable pour l'étude des structures large bande, des problèmes non linéaires et des phénomènes transitoires. Par conséquent, la formulation directe dans le domaine temporel des équations de Maxwell permet la résolution de tous les problèmes électromagnétiques qui ont une dépendance temporelle. A l'issue de cette formulation, un système d'équations intégrales ou différentielles est établi. Généralement, la résolution de ce système impose l'application d'une méthode numérique; à présent, il existe une variété de méthodes numériques temporelles telles que SEM, FDTD, TLM, TD-IE, etc.

1.4.1. La méthode de développement en singularité (SEM – Singular Expansion Method)

La méthode de développement en singularité a été développée par C. Baum [11] en 1971. Elle est basée sur la réponse transitoire d'un obstacle excité par une onde incidente électromagnétique. D'après Baum, cette réponse est une combinaison de sinusoïdes amorties correspondant à une paire de complexes conjugués dans le domaine fréquentiel. La caractéristique de la SEM consiste donc à l'extraction des singularités appelées pôles de résonance ou coefficients naturels de résonance. Pour cela, la réponse de l'obstacle est composée de deux parties : Une réponse en temps proche et une réponse en temps retardé.

La réponse proche ou forcée dépend de l'excitation émise et sa durée est proportionnelle aux dimensions de l'obstacle. Elle représente l'énergie de la source directement réfléchie par l'obstacle. Cette source induit un courant sur l'obstacle qui à son tour rayonne une onde diffractée. Cette dernière représente la réponse retardée. Dès que la taille de l'obstacle est de l'ordre de la grandeur de la longueur d'onde, les courants induits excitent les modes de résonnance de l'obstacle et amortissent avec le temps. Cette réponse en temps retardé $h_r(t,\theta)$ est exprimée par une somme d'exponentielles amorties :

$$h_r(t,\theta) \approx \sum_{n=1}^{N} R_n(\theta)e^{s_n t} \qquad (1.7)$$

Où

θ : la dépendance angulaire de la réponse ;

N : le nombre de pôles contenus dans la réponse ;

$s_n = \sigma_n \pm j\omega_n$: le $n^{\text{ème}}$ pôle de résonance ;

σ_n : le coefficient d'amortissement du $n^{\text{ème}}$ mode résonnant ;

ω_n : la pulsation de résonance du $n^{\text{ème}}$ mode résonnant ;

R_n : le résidu complexe associé au $n^{\text{ème}}$ mode résonnant ;

$h_r(t,\theta)$ est définie pour tout instant $t > \dfrac{2D}{c} + \tau$. D est la dimension de l'obstacle, τ est la longueur de l'impulsion et c est la vitesse de propagation.

La méthode SEM était largement exploitée dans le domaine des antennes [12]-[15]. Elle permet de modéliser la réponse en temps retardé par $h_r(t,\theta)$. Dans le domaine temporel, les méthodes permettant d'extraire les pôles de résonance et les résidus associés sont Total Least Square Prony (TLS-Prony) et Total LeastSquare Matrix Pencil (TLS-MP). Ces deux méthodes sont présentées dans la thèse de F. Sarrazen [16].

1.4.2. La méthode des différences finies (FDTD- Finite Difference Time Domain)

La méthode de modélisation temporelle par différences finies « Finite Difference in Time Domain » dont les bases sont posées par Yee [17] en 1966, constitue une approche très populaire pour l'analyse des problèmes électromagnétiques. La FDTD permet de résoudre directement les équations de Maxwell en approximant les dérivées temporelles et spatiales par les différences centrées. C'est une méthode itérative sur le temps où les données sont des échantillons temporels des excitations.

La discrétisation spatiale est effectuée selon la grille de Yee, illustrée à la figure 1.4. Le modèle « Leap-Frog » est utilisé pour la discrétisation temporelle (Figure 1.5).

Les points de calcul du champ électromagnétique $(\vec{E}, \vec{H})$ sont décalés d'une demi-cellule dans le domaine temporel. Dans le domaine spatial, chaque composante du champ électrique (magnétique) est entourée de quatre composantes du champ magnétique (électrique). Ce formalisme implique que la taille mémoire et le temps de calcul nécessaire à une simulation FDTD sont proportionnels à la dimension du volume de calcul et aux pas, temporel et spatial, choisis.

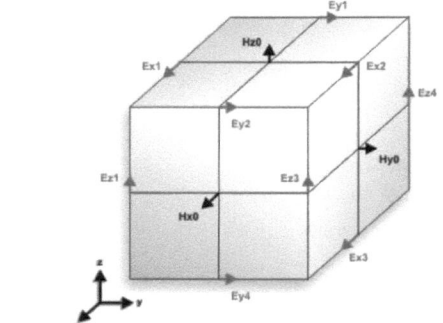

Figure 1.4 : La grille de Yee.

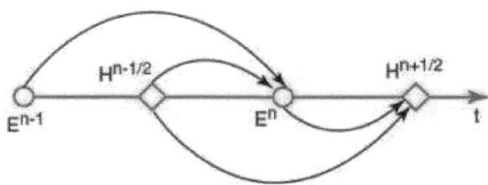

Figure 1.5 : Le modèle « Leap-Frog ».

Afin de garantir la convergence des résultats, la condition de stabilité appelée critère de Courant-Friedrich-Levy (CFL) [18][19] doit être vérifiée. En effet, cette condition établit une relation entre un maillage fin et un pas temporel réduit. Ainsi, les pas doivent respecter le critère de stabilité du schéma numérique (convergence) suivant:

$$\Delta t \leq \frac{1}{c\sqrt{\frac{1}{\Delta x^2} + \frac{1}{\Delta y^2} + \frac{1}{\Delta z^2}}}$$

avec c est la vitesse de propagation, Δt est le pas temporel et (Δx, Δy, Δz) sont les pas spatiaux.

Notons que cette condition de stabilité constitue une des limitations de la FDTD, car elle impose un échantillonnage fin pour atteindre la convergence.

Comme cette méthode nécessite une discrétisation de toute la structure à étudier, cette dernière a connu de nombreux développements focalisés surtout sur l'optimisation des schémas de discrétisation des structures fermées. Cependant, si la structure à étudier est ouverte ou infinie ou bien si nous voulons étudier un problème du rayonnement extérieur, il est nécessaire d'appliquer des conditions de frontières absorbantes dites «Absorbing Boundary Condition» (ABC) [20].

J.P. Bérenger [21] a développé une solution novatrice pour simuler l'espace libre nommée « Perfectly Matched Layer » (PML) qui est une extension des couches absorbantes. Dans le but de rendre les couches absorbantes indépendantes du milieu, CPML «Convolution Perfectly Matched Layer» a été développée [22].

1.4.3. La méthode TLM (Transmission Line Matrix)

Fondée par P.B. Johns et R.L. Beurle [23] en 1971, la méthode TLM « Transmission-Line Matrix » est basée, comme la FDTD, sur un maillage dans le temps et dans l'espace des équations de Maxwell. Elle repose sur l'analogie entre la propagation des ondes électromagnétiques dans un milieu et la propagation des tensions et courants dans un réseau de lignes de transmission.

Cette méthode est qualifiée physique car elle est basée sur le principe de Huygens appliqué aux phénomènes guidés. Le réseau simulant le milieu de propagation est un maillage de lignes de transmission virtuelles dont les nœuds de maillage sont interconnectés par ces lignes. A chaque itération tous les nœuds reçoivent des impulsions de tension incidente et les transmettent aux nœuds voisins. La figure 1.6 schématise l'excitation avec une impulsion de courant ou de tension unitaire incidente sur un nœud. Celle-ci est réfléchie de manière isotrope en direction des quatre nœuds voisins dont chaque nœud transporte le ¼ de l'énergie incidente. L'énergie est équivalente à ½ de l'amplitude du champ.

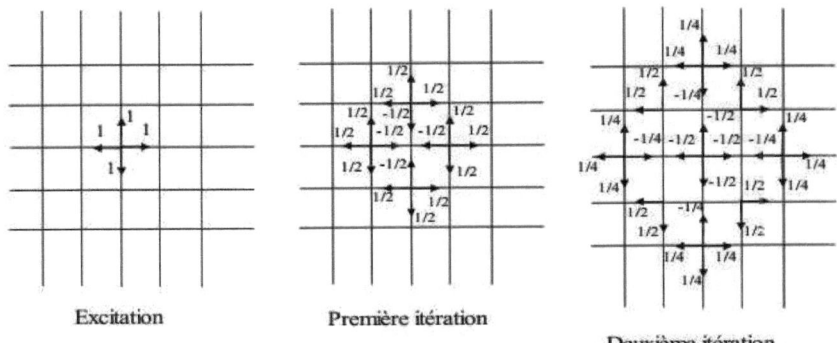

Figure 1.6 : Réseau TLM-2D excité par une impulsion de Dirac.

La méthode était étendue en trois dimensions (3D) par Johns et Akhtarzad [24] en faisant inclure l'effet d'un milieu diélectrique et des pertes. Comme la FDTD, cette méthode est adaptée aux structures fermées mais dans le cas d'analyse de rayonnement extérieur ou des structures ouvertes, des conditions absorbantes doivent être appliquées telles que les PLM pour limiter le domaine de calcul.

1.4.4. La méthode des éléments finis (TD-FEM Time Domain Finite Element Method)

La Méthode des Eléments Finis (MEF) a été initialement conçu pour résoudre des problèmes dans les domaines de la mécanique des structures et de l'aéronautique. En 1973, la base mathématique rigoureuse de la MEF a été consolidée avec la publication de Strang et Fix du livre «*An Analysis of The Finite Element Method*». Elle a depuis été intégrée comme une branche des mathématiques appliquées à la modélisation numérique des systèmes physiques dans une large variété de disciplines telle que l'électromagnétisme. En effet, la FEM est un outil très puissant pour la résolution de la formulation différentielle des équations de Maxwell. La structure à étudier est décomposée en sous-domaines appelés éléments finis. Ces éléments peuvent être triangulaires (2D) ou tétraédriques (3D) et ils sont caractérisés par un nombre de nœuds, exemple dans le cas de maillage 2D, le nombre de nœuds est 3 et 6 si les milieux des segments sont pris en compte (figure 1.7). A chaque nœud, est associée une fonction continue dite fonction de base. Notons que dans un élément fini, il y a autant de fonctions de base que de nœuds, ces fonctions sont linéairement indépendantes.

Comme la FDTD et la TLM, la méthode des éléments finis est adaptée à l'étude des structures fermées. Des conditions absorbantes sont utilisées pour limiter le domaine d'étude dans le cas où la structure à étudier est ouverte.

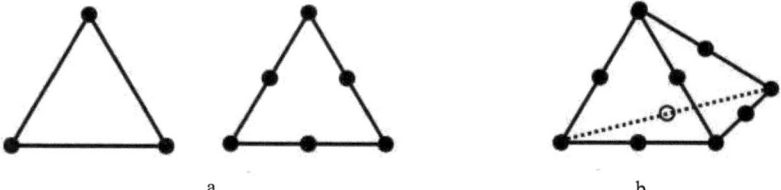

Figure 1.7 : Exemple d'élément fini : (a) Premier et second ordre ; (b) Second ordre 3D.

Bien que la méthode des éléments finis soit dédiée au domaine fréquentiel, elle est aussi utilisée dans le domaine temporel. Les équations de Maxwell, dans leur forme différentielle, sont discrétisées dans l'espace puis dans le temps.

La discrétisation temporelle est basée sur des schémas d'intégration temporels basés sur les techniques conventionnelles des différences finies [25][26]. L'axe de temps est subdivisé en un nombre choisi de pas temporels. La détermination de la solution à un instant « t » repose sur la ou les solutions à un (ou des) instant (s) précédent (s). Les schémas temporels finaux peuvent être implicites ou explicites.

Toutefois, les schémas temporels les plus populaires ont été développés par Newmark [27], Willson et al. [28] et Houblot [29]. Le grand défaut de ses différents schémas temporels est le choix du pas temporel. Par conséquent, ces schémas doivent respecter des conditions de stabilité qui lient les pas, spatial et temporel.

Dans le but d'exploiter dans le domaine temporel le principe de la méthode des éléments finis, des chercheurs [30] ont utilisé des éléments finis au lieu des différences finies. Ils ont abouti à une formulation spatio-temporelle des éléments finis dont les équations différentielles de Maxwell sont multipliées par des fonctions poids en premier lieu, puis par des fonctions temporelles continues. Bien que la TD-FEM soit employée dans le domaine temporel, elle a en revanche quelques défauts qu'on peut contourner au prix d'une certaine complexité algorithmique.

1.4.5. La méthode des équations intégrales dans le domaine temporel (TD-IE Time Domain Integral Equation)

La méthode TD-IE [31][32] repose sur la formulation intégrale des équations de Maxwell. En fait, elle permet, en premier lieu, de déterminer la distribution de courant (ou densité de courant) sur la structure à étudier puis de déterminer le champ électromagnétique en tout point de l'espace. En général, il y a plusieurs formes d'équations intégrales, nous citons :
- Equation Intégrale du champ électrique notée TD-EFIE (Time Domain Electric Field Integral Equation) ;
- Equation Intégrale du champ magnétique notée TD-MFIE (Time Domain Magnetic Field Integral Equation) ;
- Equation Intégrale Combinée notée TD-CFIE (Time Domain Combined Field Integral Equation).

Parmi les méthodes présentées, la TD-IE convient au mieux à l'étude des structures ouvertes et aux problèmes de rayonnements externes particulièrement à l'étude de la diffraction d'ondes électromagnétiques. En effet, cette méthode se limite à trouver les solutions sur les frontières du domaine au lieu de résoudre le problème dans tout le domaine et d'introduire des conditions absorbantes (ABC). En fait, les conditions de rayonnement infinies sont automatiquement vérifiées car le noyau des équations intégrales vérifient les conditions aux limites du domaine infini [33].

Quant au domaine spatial, la formulation d'un problème qui n'est pas appliqué sur la totalité du domaine d'étude mais uniquement sur les frontières; permet de réduire d'une unité la dimension spatiale du problème. Ce qui se traduit par un maillage 1D au lieu de 2D et un maillage 2D au lieu du 3D ; ce qui implique une réduction significative en effort de modélisation et en temps de calcul.

Dans le domaine temporel, la méthode de collocation, plus reconnue sous le nom Marching-on-in Time Method (MOT) a rendu de la TD-IE une des méthodes les plus populaires. Or, le principe de la TD-IE/MOT repose sur l'évaluation des équations intégrales en un nombre fini de points ou instants à savoir l'intervalle de temps est divisé en un nombre fini de sous-domaines égaux.

L'évaluation temporelle des équations intégrales se base sur un schéma itératif ou bien une relation de récurrence: la réponse temporelle à chaque instant t dépend de l'historique complet du système à étudier. Bien que cette technique permet de résoudre un problème sans l'inversion de matrice, elle souffre d'une instabilité. En fait, son inconvénient majeur est l'absence d'une condition de stabilité telle que la condition CLF [18][19] de la FDTD, ce qui implique l'apparition des oscillations à des instants antérieurs à l'instant de mesure (late time instability). Des recherches de stabilité ont abouti au fait que le choix du pas temporel a une influence sur la stabilité de la solution. Or, un pas temporel trop petit peut causer des instabilités numériques qui sont dues à l'accumulation des erreurs telles que les erreurs de troncatures. Alors qu'un pas trop grand peut conduire à une solution numériquement amortie.

Plusieurs schémas d'intégration temporelle ont été proposés afin d'aboutir à une solution numériquement stable, nous citons:
- PWTD : Plane Wave Time Domain [35];
- The Adaptive Integral Method [36].

Les différentes techniques citées n'ont pas pu contourner le problème d'instabilité du schéma explicite de la MOT. Des chercheurs ont introduit des techniques de filtrage «filtering or averaging techniques » [37][38] d'autres ont implémenté des schémas implicites [39][40]. La technique des différences finies [31] aussi a été employée et un schéma conditionnellement stable a été obtenu. La condition de stabilité de ce schéma lie le pas temporel au pas spatial.

Certains chercheurs ont confirmé que l'instabilité peut être supprimée par :
- Le développement des équations intégrales rigoureuses ;
- Choix d'une base temporelle appropriée ;
- Garantir un remplissage correct et précis des matrices.

Des travaux de recherche [41][42] ont proposé un nouveau schéma itératif stable et peu sensible au pas temporel. Ils ont adopté les fonctions B-Spline comme base temporelle et ils ont développé une technique de remplissage des matrices spatiales. Le schéma itératif développé garantit la stabilité de la solution.

Quant à Sarkar et son équipe [43]-[45], ils ont développé une nouvelle méthode nommée « Marching-On-in Degree » basée sur une base temporelle dérivée des polynômes de Laguerre. La méthode Galerkin est appliquée dans le domaine temporel sur des structures simples, les erreurs numériques provoquant l'instabilité du TD-IE sont minimisées grâce à la projection sur la base de fonctions temporelle adoptée. D'autre part, cette technique n'impose aucune condition de stabilité et le choix des pas temporel et spatiaux n'intervient pas dans le calcul. La solution est déterminée par augmentation de l'ordre des fonctions de Laguerre.

Il est important de signaler que la TD-IE repose sur une formulation spatio-temporelle. La MoM dont une description détaillée de son principe sera présentée à la section 2.2, est généralement employée pour résoudre la TD-IE dans le domaine spatial.

Afin d'appliquer convenablement la MoM et atteindre la convergence, il faut bien choisir les bases ainsi que le nombre optimal de fonctions permettant de décrire fidèlement la solution. En effet, le remplissage de la matrice MoM «matrice pleine » nécessite le calcul d'un produit scalaire à chaque terme. Cette opération engendre un temps de calcul important ainsi que des capacités de stockage importantes. Par conséquent, cette opération représente l'inconvénient de la MoM.

1.5. Conclusion

Dans ce chapitre, nous avons présenté le problème à modéliser de point de vue CEM : La diffraction transitoire. Particulièrement, nous nous intéressons à la prédiction de la réponse transitoire des obstacles, des réseaux d'antennes et des cavités (de petites et/ou de grandes dimensions), illuminés par des perturbations électromagnétiques transitoires.

D'après l'étude bibliographique que nous avons effectué, la TD-IE est la plus adaptée à la modélisation des problèmes de diffraction. L'utilisation de la TD-IE, par application des conditions aux limites adéquates, permet de discrétiser la structure à étudier. Par conséquent, le problème de diffraction peut être résolu pour un nombre réduit d'inconnus sans l'imposition des conditions absorbantes.

Comme dans le domaine temporel, le problème de la TD-IE réside dans la stabilité de la solution, l'approche temporelle de la méthode des Moments (TD-MoM) est formulée afin d'aboutir à une solution stable. Ainsi, en se basant sur les dernières avancées dans le domaine de la modélisation numérique, nous développons dans le chapitre suivant trois schémas itératifs qui dérivent de la formulation de la TD-MoM avec trois bases temporelles différentes.

Chapitre 2
Développement de l'approche temporelle de la Méthode des Moments (TD-MoM)

2.1. Introduction

Après la publication du livre « Field computation by Moment Method » en 1968 par Harrington, la MoM est devenue une des méthodes les plus populaires et les plus appliquées surtout dans le domaine fréquentiel. Elle a été essentiellement utilisée pour l'analyse des phénomènes électromagnétiques dans les milieux dispersifs ou avec pertes. Elle est aussi mieux adaptée à la caractérisation sur une bande étroite.

Bien qu'elle soit mieux adaptée et plus utilisée dans le domaine fréquentiel, la MoM est appliquée dans le domaine temporel généralement pour la résolution des équations intégrales (TD-IE) dérivant des équations de Maxwell.

Cette dernière approche sera développée dans ce chapitre. Nous présentons, en premier lieu, le principe général de la MoM. Par la suite, nous nous intéressons à la résolution du TD-IE en utilisant la MoM et par conséquent, le développement de la TD-MoM.

Comme le problème majeur rencontré lors de la résolution des TD-IE est la stabilité, nous proposons trois formulations de la MoM dérivant de trois bases temporelles différentes afin de résoudre convenablement les TD-IE et aboutir à des solutions stables.

La deuxième partie de ce chapitre sera consacrée à l'application de la TD-MoM pour la résolution d'un problème de diffraction par fil mince. Ensuite, le couplage dans un réseau d'antennes, dont plusieurs éléments sont sources de perturbations transitoires, sera analysé en fonction des distances de risque séparant les composants de ce réseau.

2.2. Formulation mathématique de la MoM

La méthode des moments consiste à résoudre toute équation linéaire inhomogène de la forme :

$$Lf = g \qquad (2.1)$$

L : opérateur linéaire sur un espace d'Hilbert H.
f: fonction inconnue du problème.
g : fonction connue (excitation).

Soit D_L le domaine de champ d'existence de l'opérateur L et Γ_L l'image de L. D_L et Γ_L sont des sous-espaces vectoriels de H.

L'opérateur L est un opérateur régulier. Il définit une application biunivoque de D_L à Γ_L. Dans ces conditions, l'opérateur L^{-1} existe et l'équation (2.1) admet une solution unique $f = L^{-1}g$. En fait, la méthode des moments permet d'obtenir une approximation de L^{-1} et par conséquent une approximation de f. Toutefois, l'inconnue f est exprimée dans une base de N fonctions connues appelées fonctions d'essai, notées $\{f_n\}, n=1...N$:

$$f \approx \sum_{n=1}^{N} a_n f_n \qquad (2.2)$$

Où $\{a_n\}, 1..N$ sont des constantes de pondérations inconnues. Comme l'opérateur L est linéaire, l'équation (2.1) devient :

$$\sum_{n=1}^{N} a_n L(f_n) + \varepsilon = g \qquad (2.3)$$

Dans le but de minimiser l'erreur résiduelle ε, l'équation (2.3) est projetée sur une deuxième base $\{h_n\}, n=1...N$, appelée base de fonctions de test:

$$\sum_{n=1}^{N} a_n \langle h_n, L(f_n) \rangle + \langle h_n, \varepsilon \rangle = \langle h_n, g \rangle \qquad (2.4)$$

Pour minimiser l'erreur, il faut la rendre orthogonale à h_n : $\langle h_n, \varepsilon \rangle = 0, n=1..N$. Par conséquent, l'équation (2.4) va prendre la forme matricielle suivante:

$$[A][X] = [G] \qquad (2.5)$$

Où

$$A = \begin{bmatrix} \langle h_1, L(f_1) \rangle & \langle h_1, L(f_2) \rangle & .. & \langle h_1, L(f_N) \rangle \\ \langle h_2, L(f_1) \rangle & \langle h_2, L(f_2) \rangle & .. & \langle h_2, L(f_N) \rangle \\ .. & .. & .. & .. \\ \langle h_N, L(f_1) \rangle & \langle h_N, L(f_2) \rangle & .. & \langle h_N, L(f_N) \rangle \end{bmatrix}$$: La matrice MoM

$$X = \begin{bmatrix} a_1 \\ a_2 \\ .. \\ a_N \end{bmatrix}$$: Les constantes de pondération inconnues, $G = \begin{bmatrix} g_1 \\ g_2 \\ .. \\ g_N \end{bmatrix}$: La fonction connue où $g_i = \langle h_i, g \rangle$

Choix des fonctions de base et de test

Un choix judicieux de la fonction de base f_n permet de calculer une solution exacte tandis qu'un mauvais choix peut compliquer le problème. Ce choix est dicté par un certain nombre de critères découlant du principe de la MoM tel que les f_n doivent se trouver dans le domaine D_L de l'opérateur L aussi elles doivent être choisies pour approcher au mieux la fonction inconnue f.

Quant aux fonctions de test h_n, elles doivent appartenir à l'image Γ_L et doivent être linéairement indépendantes pour que la matrice A ne soit pas singulière.

Le choix des fonctions f_n et h_n donne lieu à deux variantes de la méthode de moments :

- Méthode de collocation: $h_n = \delta$
- Méthode de Galerkin : $h_n = f_n$

Les fonctions de base et de test peuvent être classées en deux catégories :

- Des fonctions définies sur le domaine complet de l'opérateur D_L tel que les approximations polynomiales (Legendre, Chebychev,...) et trigonométriques (séries de Fourier).
- Des fonctions nulles partout sauf sur un sous-domaine de l'opérateur correspondant à un segment élémentaire. Dans la figure 2.1, nous présentons les fonctions les plus employées.

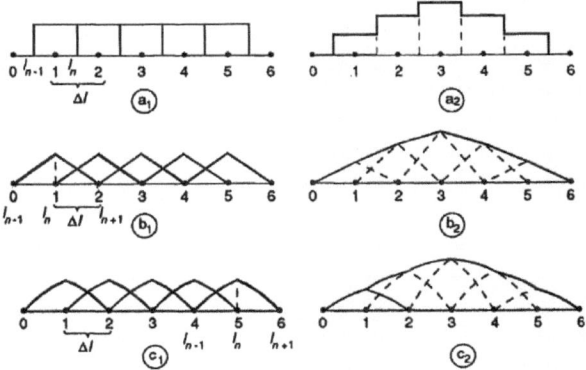

Figure 2.1: Fonction de base et de test : (a1) Fonction impulsion rectangulaire ; (a2) Approximation en escalier ; (b1) Fonction triangulaire linéaire ; (b2) Approximation linéaire par morceaux ; (c1) Fonction triangulaire sinusoïdale ; (c2) Approximation sinusoïdale par morceaux.

2.3. L'équation intégrale du champ électrique (TD-EFIE) modélisant un fil mince

Dans ce paragraphe, nous présentons une formulation mathématique permettant d'étudier, dans le domaine temporel, le comportement d'un fil mince soumis à une agression électromagnétique transitoire (générateur localisé) ou rayonnée (illumination par une onde). Le problème se ramène à une représentation sous forme intégrale du champ électrique diffracté : l'équation intégrale du champ électrique (TD-EFIE).

En électromagnétisme, des approximations sont souvent appliquées afin de simplifier et de rendre mathématiquement traitable un problème donné. Dans ce qui suit, nous présentons les approximations à appliquer pour modéliser un fil mince.

2.3.1. Les approximations

Dans cette section, nous adoptons les approximations suivantes :

a) Nous considérons que le rayon du fil « a » est très petit par rapport à sa longueur « L » $(a \ll L)$. De ce fait, le courant induit sur le fil admet un vecteur densité de courant $\vec{J}$, parallèle à l'axe du fil $\vec{U}_z$ (Figure 2.2), défini en un point M(x,y,z) par :

$$I(z,t) = 2\pi a \vec{J}(z,t).\vec{U}_z \qquad (2.6)$$

b) La deuxième approximation s'applique sur la distance d'interaction entre le point d'observation M(x,y,z) où nous désirions évaluer le courant induit et le point de localisation de la source M'(x',y',z'). Pour contourner le problème de singularité qui se provoque si la distance $R = \sqrt{(x-x')^2 + (y-y')^2 + (z-z')^2}$ tend vers zéro, le courant est calculé sur l'axe du cylindre alors que la source est localisée sur la surface de ce dernier [46]. Alors, la distance R s'exprime par $R = \sqrt{(z-z')^2 + a^2}$, où « a » est le rayon du fil.

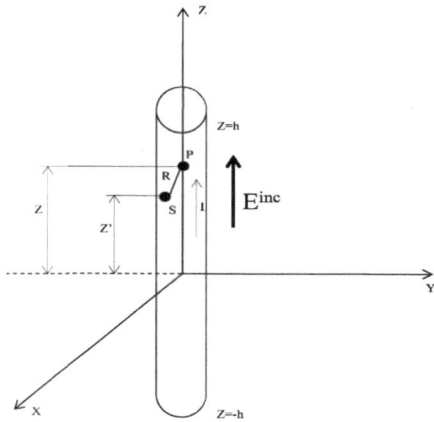

Figure 2.2 : Structure du problème : Fil mince.

2.3.2. La formulation de la TD-EFIE

Dans l'espace libre, nous considérons un fil mince parfaitement conducteur dirigé suivant la direction z et localisé au centre du repère (O,x,y,z). Le fil est illuminé par une onde incidente transitoire $\vec{E}^{Inc}$ définie à tout instant t. Cette onde induit une densité de courant sur la surface du fil. Ce courant induit à son tour le champ diffracté $\vec{E}^{Diff}$. La prise en compte des conditions aux limites (section 1.3.4) du champ total sur la surface du fil, nous permet d'écrire:

$$\vec{n} \times \left[\vec{E}^{Inc} + \vec{E}^{Diff}\right] = \vec{0} \tag{2.7}$$

La diffraction est modélisée par la relation entre le potentiel scalaire et vecteur :

$$\vec{E}^{diff} = -\frac{\partial}{\partial t}\vec{A} - \nabla V \tag{2.8}$$

$$\vec{A}(z,t) = \frac{\mu}{4\pi}\int_l \frac{\vec{J}(z', t - R/C)}{R} dz' \tag{2.9}$$

$$V(z,t) = \frac{1}{4\pi\varepsilon}\int_l \frac{q(z', t - R/C)}{R} dz' \tag{2.10}$$

Où

ε : Permittivité du milieu.

μ : Perméabilité du milieu.

c : La vitesse de propagation de la lumière dans le vide.

∇ : L'opérateur gradient.

$R = \sqrt{(z-z')^2 + a^2}$: La distance entre le point source et le point d'observation.

$\tau = t - R/c$: Le temps retardé.

Notons que les informations qui parviennent à « z » à l'instant « t » sont celles émises par la source à l'instant retardé τ, avec R/c est la durée de propagation de l'information de « z' » à « z ».

Suite à la réécriture de (2.7) en utilisant (2.8)-(2.10), l'équation intégrale (TD-EFIE) est établie :

$$\frac{\mu}{4\pi}\frac{\partial}{\partial t}\int \frac{J(z',\tau)}{R}dz' + \frac{1}{4\pi\varepsilon}\frac{\partial}{\partial z}\int \frac{q(z',\tau)}{R}dz' = E^{Inc}(z,t) \qquad (2.11)$$

L'équation intégrale obtenue peut prendre la forme suivante :

$$\mu\frac{\partial}{\partial t}\int J(z',t)G(z,z',t)dz' + \frac{1}{\varepsilon}\frac{\partial}{\partial z}\int q(z',t)G(z,z',t)dz' = E^{Inc}(z,t)$$

Où $G(z,z',t)$ [31] est la fonction de Green en espace libre exprimée par :

$$G(z,z',t) = \frac{1}{4\pi R}\delta\left(t - \frac{R}{c}\right)$$

2.4. La Méthode des Moments dans le domaine temporel (TD-MoM)

Dans ce qui suit, nous appliquons la MoM, dans les domaines spatial et temporel, afin de résoudre la TD-EFIE et d'aboutir à la construction d'un système linéaire. En fait, les inconnues de ce système sont les valeurs du courant en chaque point de la structure étudiée et à chaque instant pour lequel nous désirons connaitre leur valeur.

En premier lieu, la grandeur à déterminer K (la densité de courant J ou le courant I) est exprimée dans une base temporelle et dans une base spatiale de fonctions connues :

$$K(z,t) \approx \sum_{i=1}^{\infty}\sum_{m=1}^{M}\alpha_{m,i}f_m(z)\varphi_i(t) \qquad (2.12)$$

où les $\alpha_{m,i}$ sont les coefficients à déterminer et M est le nombre de fonctions spatiales nécessaires pour atteindre la convergence.

Dans ce qui suit, nous utilisons les fonctions triangulaires linéaires comme base spatiale. Ces fonctions sont localisées et permettent de décrire avec précision notre structure. Les conditions aux limites sont imposées par le recouvrement des domaines de définition. Ainsi, la fonction $f_m(z)$ est exprimée par [47] :

$$f_m(z) = \begin{cases} \dfrac{z - z_{m-1}}{z_m - z_{m-1}}, & z_{m-1} \leq z \leq z_m \\ \dfrac{z_{m+1} - z}{z_{m+1} - z_m}, & z_m \leq z \leq z_{m+1} \\ 0, & ailleurs \end{cases} \quad (2.13)$$

Notons que l'axe du fil est divisé en M sous domaines égaux de longueur Δz.

Afin de contourner le problème d'instabilité fréquemment rencontré lors d'une analyse temporelle comme déjà évoqué dans la section 1.4.5, nous proposons trois schémas itératifs temporels, découlant de trois bases temporelles :
1. Fonctions de Dirac ;
2. Fonctions B-spline ;
3. Fonctions de Laguerre.

2.4.1. Le développement de la TD-MoM par la distribution de Dirac

Dans le but de déterminer les distributions spatiale et temporelle du courant I sur l'axe du fil, nous procédons à diviser l'intervalle d'analyse temporelle, en N sous-domaines égaux de longueur Δt et l'axe du fil en M sous-domaines égaux de longueur Δz.

Ainsi, le courant électrique I est exprimé par :

$$I(z,t) \approx \sum_{n=1}^{N} \sum_{m=1}^{M} I_{n,m} f_m(z) \delta(t - t_n) \quad (2.14)$$

avec $\{\delta(t - t_n), 1..N\}$ est la base temporelle et t_n sont les instants de mesure.

En remplaçant le courant I par (2.14) dans (2.9), nous obtenons une nouvelle expression du potentiel vecteur :

$$\begin{aligned} A_{mn} &\approx \frac{\mu}{4\pi} \sum_{k=1}^{M} I_k \left(t - \frac{|Z_m - Z_n|}{C} \right) \left[\int_{z'=z_{k-1}}^{z'=z_k} \frac{Z' - Z_{k-1}}{(z_k - z_{k-1})\sqrt{|Z' - Z_m|^2 + a^2}} dz' + \int_{z'=z_k}^{z'=z_{k+1}} \frac{Z_{k+1} - Z'}{(z_{k+1} - z_k)\sqrt{|Z' - Z_m|^2 + a^2}} dz' \right] \\ &\approx \sum_{k=1}^{M} I_k \left(t - \frac{|Z_m - Z_n|}{C} \right) K_{mk} \\ &\approx I_{m,n} K_{m,m} + \sum_{\substack{k=1 \\ k \neq m}}^{N} I_k(t_n - |z_k - z_m|/C) K_{m,k} \end{aligned} \quad (2.15)$$

Nous adoptons dans ce qui suit la notation suivante : A_{mn} (I_{mn}) est le potentiel vecteur (le courant) à l'instant n et au point d'observation m. K_{mk} est la valeur de l'intégrale spatiale (2.15) au point d'observation m et au point source k.

En reprenant (2.11) et en la dérivant par rapport au temps ; puis en exprimant le potentiel scalaire en fonction du potentiel vecteur (application de la Jauge de Lorentz (section 1.3.3)), nous obtenons :

$$\frac{\mu}{4\pi}\left(\frac{\partial^2}{\partial z^2} - \frac{1}{c^2}\frac{\partial^2}{\partial t^2}\right)\int_{z'=-h}^{z'=h} \frac{1}{\sqrt{|z'-z|^2 + a^2}} I(z', t - |z'-z|/c) dz'$$
$$= \frac{\mu}{4\pi}\left(\frac{\partial^2}{\partial z^2} - \frac{1}{c^2}\frac{\partial^2}{\partial t^2}\right) A(z,t) \quad (2.16)$$
$$= -\frac{1}{c^2}\frac{\partial E^{inc}}{\partial t}$$

Afin de développer un schéma itératif temporel, nous procédons à remplacer les dérivées spatiale et temporelle, dans (2.16), par une approximation par différence finie comme suit :

$$\frac{A_{m+1,n} - 2A_{m,n} + A_{m-1,n}}{\Delta z^2} - \frac{A_{m,n+1} - 2A_{m,n} + A_{m,n-1}}{(c\Delta t)^2} = -F_{m,n} \quad (2.17)$$

où $F_{m,n} = \frac{1}{c^2}\frac{\partial E^{inc}(z_m, t_n)}{\partial t}$

Ensuite, nous remplaçons l'indice temporel n+1 par n dans (2.17) :

$$A_{m,n} = 2A_{m,n-1} - A_{m,n-2} + (c\Delta t)^2 F_{m,n-1} + \left(\frac{c\Delta t}{\Delta z}\right)^2 \left(A_{m+1,n-1} - 2A_{m,n-1} + A_{m-1,n-1}\right) \quad (2.18)$$
$$= I_{m,n}K_{m,m} + \sum_{\substack{k=1 \\ k \neq m}}^{N} I_k(t_n - |z_k - z_m|/c) K_{m,k}$$

Finalement, nous exprimons (2.18) en fonction de $I_{m,n}$:

$$I_{m,n} = \frac{1}{K_{m,m}}\left[\begin{array}{c} -\sum_{\substack{k=1 \\ k \neq m}}^{N} I_k(t_n - |z_k - z_m|/c) K_{m,k} + 2A_{m,n-1} - A_{m,n-2} + (c\Delta t)^2 F_{m,n-1} \\ + \left(\frac{c\Delta t}{\Delta z}\right)^2 \left(A_{m+1,n-1} - 2A_{m,n-1} + A_{m-1,n-1}\right) \end{array}\right] \quad (2.19)$$

Ainsi, pour chaque point d'observation m, le courant $I_{m,n}$ est calculé en fonction des instants antérieurs à t_n : $|z_m - z_k| \neq 0 \Rightarrow t_n > (t_n - \frac{|z_m - z_k|}{c})$.

En revanche, ce schéma itératif est stable si les pas temporel et spatial vérifient la condition de stabilité: $c\Delta t \leq \Delta z$. Cette condition résulte de l'approximation des dérivées spatiale et temporelle par les différences finies [18][19].

2.4.2. Le développement de la TD-MoM par les fonctions B-Spline

Les fonctions B-Spline ont été initialement introduites par I. J. Schenbergin en 1946. Elles ont attiré les mathématiciens, les chercheurs et les ingénieurs pour faire des interpolations grâce à leur simplicité d'implémentation. Récemment, ces fonctions ont été utilisées pour résoudre des problèmes électromagnétiques. En effet, des travaux récents [41][42] ont utilisé ces fonctions pour former une base temporelle dans le but d'analyser la réponse transitoire d'un obstacle excité par une onde incidente transitoire.

Dans ce qui suit, nous allons exposer, en premier lieu, les propriétés mathématiques de ces fonctions puis nous allons utiliser une base temporelle qui dérive de ces fonctions pour développer la TD-MoM.

2.4.2.1. Propriétés mathématiques des polynômes B-Spline

Une B-Spline est une combinaison linéaire de Spline positive à support compact. Notons qu'une Spline est une fonction polynomiale de degré p définie par morceaux. Pour construire la base des fonctions B-Spline, nous commençons par le vecteur des nœuds :

2.4.2.2. Vecteur des Nœuds

Un vecteur des nœuds $\{t_1, t_2, ..., t_{N+p+1}\}$ est un vecteur croissant où « N » est le nombre de points et « p » représente le degré de la Spline. Le vecteur des nœuds est uniforme si $\{t_i, i = 1..N + p + 1\}$ sont équidistants.

2.4.2.3. Récursivité

Les fonctions B-Spline sont des fonctions récursives. Pour le premier ordre, elles sont définies par :

$$N_{i,1}(t) = \begin{cases} 1, \; si \; t \in [t_i, t_{i+1}[\\ 0, \; sin \; on \end{cases} \qquad (2.20)$$

Pour le $k^{\text{ème}}$ ordre, elles prennent la forme suivante :

$$N_{i,k}(t) = \frac{t - t_i}{t_{i+k-1} - t_i} N_{i,k-1}(t) + \frac{t_{i+1} - t}{t_{i+k} - t_{i+1}} N_{i+1,k}(t), \; si \; t \in [t_i, t_{i+1}[\quad (2.21)$$

Les cinq fonctions B-Spline d'ordre 1,2 et 3 sont présentées dans la figure 2.3.

2.4.2.4. Les propriétés mathématiques

Les B-Spline admettent différentes propriétés qui les favorisent dans le domaine d'interpolations, telles que :

- La positivité: $N_{i,k}(t) \geq 0$.
- $N_{i,k}(t)$ vérifie pour un ordre k la relation suivante : $0 < N_{i,k}(t) \leq 1$ si $t \in [t_i, t_{i+k+1}[$.
- $N_{i,k}$ s'annule en t_i sauf si $t_i = t_{i+1} = ... = t_{i+k} < t_{i+k+1}$ auquel cas $N_{i,k}(t_i) = 1$.
- $N_{i,k}(t)$ est maximum au point $\frac{t_i + t_{i+1} + .. + t_{i+k}}{k+1}$.
- $N_{i,k}(t)$ forme une base normée: $\sum_i N_{i,k}(t) = 1, \forall t$.
- $N_{i,k}$ est de classe C^∞ à droite de chaque point.
- $N_{i,k}$ est de classe C^{k-r} au voisinage de chaque nœud de multiplicité « r ».
- La dérivée de $N_{i,k}$, à droite, est définie par :

$$N'_{i,k}(t) = k \left[\frac{N_{i,k-1}(t)}{t_{i+k} - t_i} - \frac{N_{i+1,k-1}(t)}{t_{i+k+1} - t_{i+1}} \right]$$

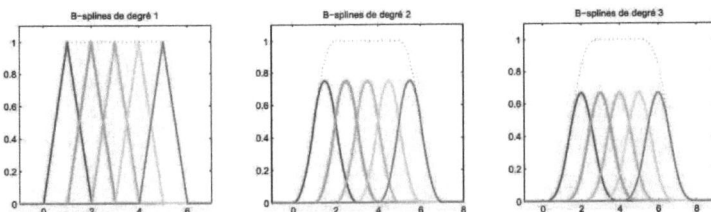

Figure 2.3 : Cinq B-Spline uniformes d'ordre1, 2 et 3.

2.4.2.5. La Base temporelle des fonctions B-Spline

Dans cette section, nous allons utiliser les fonctions B-Spline d'ordre 2 comme base temporelle car elles permettent d'approximer la solution sans compliquer la résolution des équations intégrales (paragraphe suivant). Ainsi, la base temporelle $T(\bar{t})$ est définie par:

$$T(\bar{t}) = \begin{cases} \dfrac{1}{2}(\bar{t}+1)^2, & 0 \le \bar{t}+1 < 1 \\ \dfrac{1}{2}+\bar{t}-\bar{t}^2, & 0 \le \bar{t} < 1 \\ \dfrac{1}{2}-(\bar{t}-1)+\dfrac{1}{2}(\bar{t}-1)^2, & 0 \le \bar{t}-1 < 1 \end{cases} \quad (2.22)$$

où $\bar{t} = \dfrac{t}{\Delta t}$

2.4.2.6. La résolution de la TD-EFIE

Reprenons l'équation (2.11) dont les inconnues sont la densité de courant J et la charge électrique q ; nous introduisons une nouvelle source afin de réduire le nombre d'inconnues et donc simplifier la résolution de la TD-EFIE. La nouvelle source, Vecteur de Hertz $\vec{C}(z,t)$, est définie par :

$$\vec{J}(z,t) = \dfrac{\partial \vec{C}(z,t)}{\partial t}, \quad q(z,t) = -\nabla \cdot \vec{C}(z,t) \quad (2.23)$$

Pour appliquer la TD-MoM, nous commençons par exprimer l'inconnue du problème dans la base temporelle des fonctions B-Spline $T(\bar{t})$ et la base des fonctions spatiales $f_n(z)$:

$$C(z,t) = 4\pi\varepsilon \sum_{j=1}^{\infty} \sum_{n=1}^{M} C_n(j) f_n(z) T(\bar{t}-j) \quad (2.24)$$

Afin d'appliquer la méthode des Moments dans les domaines spatial et temporel, nous procédons à suivre les étapes suivantes:
1) Exprimer la solution sous forme de séries de fonctions connues (2.24) ;
2) Insérer (2.24) dans (2.11) ;
3) Appliquer Galerkin dans le domaine spatial en projetant l'équation résultante de l'étape (2) sur la même base des fonctions spatiales $f_m(z)$
4) Appliquer la méthode Marching-in-on Time (MOT) variante de la MoM au système matriciel résultant de l'étape précédente ; rappelons que la base temporelle des fonctions de test dérive des fonctions Dirac $\delta(t-t_i)$.

Par conséquent, nous obtenons l'équation (2.25).

$$\sum_{j=1}^{N}\sum_{n=1}^{M}\int_m\int_n\left[\left[\dfrac{1}{R}C_n(j)\dfrac{T''(i-j-\overline{R})}{(C\Delta t)^2}f_m(z)f_n(z')\right] + \left[\dfrac{1}{R}C_n(j)T(i-j-\overline{R})g_m(z)g_n(z')\right]\right]dz'\,dz \quad (2.25)$$
$$= \int_m E^{inc}(z, i\Delta t) f_m(z)\,dz, \quad i = 1,2,..M$$

où

$$\overline{R} = \frac{R}{C\Delta t}$$

$$g_m(z) = -\frac{\partial f_m(z)}{\partial z}$$

$$g_n(z') = -\frac{\partial f_n(z')}{\partial z'}$$

Notons que l'intervalle temporel d'analyse est divisé en N sous-domaines égaux de longueur Δt. La multiplication par $\delta(t-t_i)$ est équivalente à l'évaluation de l'équation intégrale à l'instant de mesure tn.

Les fonctions B-Spline sont compactes $(-1 \leq j - \overline{R} < 2)$, ce qui implique que les opérateurs intégraux sont non nuls uniquement pour « j » qui vérifie $-1 \leq j < L$ dont $L = \text{int}(\frac{R_{\max}}{C\Delta t} + 2)$.

Dans (2.25), nous effectuons le changement d'indice (i-j)➔j . Ainsi, la somme varie de j=0 à j=min(i-1,L), et par conséquent, le schéma itératif suivant est établi:

$$\sum_{j=0}^{\min(i-1,L)} \sum_{n=1}^{M} \int_m \int_n \left[\left[\frac{1}{R} C_n(i-j) \frac{T''(j-\overline{R})}{(C\Delta t)^2} f_m(z) f_n(z') \right] + \left[\frac{1}{R} C_n(i-j) T(j-\overline{R}) g_m(z) g_n(z') \right] \right] dz' dz \quad (2.26)$$

$$= \int_m E^{inc}(z, i\Delta t) f_m(z) dz$$

Nous réécrivons, pour chaque instant i, l'équation (2.26) dans une forme simplifiée :

$$Z[0]C_n(i) = E(i) - \sum_{j=1}^{\min(i-1,L)} Z_{mn}[j] C_n(i-j) \Leftrightarrow A * C^i = B^i \quad (2.27)$$

Avec

$$Z[0] = \int_m \int_n \left[\left[\frac{1}{R} \frac{T''(-\overline{R})}{(C\Delta t)^2} f_m(z) f_n(z') \right] + \left[\frac{1}{R} T(-\overline{R}) g_m(z) g_n(z') \right] \right] dz' dz \quad (2.28)$$

$$Z_{mn}[j] = \sum_{n=1}^{N} \int_m \int_n \left[\left[\frac{1}{R} \frac{T''(j-\overline{R})}{(C\Delta t)^2} f_m(z) f_n(z') \right] + \left[\frac{1}{R} T(j-\overline{R}) g_m(z) g_n(z') \right] \right] dz' dz \quad (2.29)$$

Pour alléger le calcul des matrices $Z[0]$ et $Z[j]$, nous allons exploiter le fait que la fonction temporelle $T(\bar{t})$ est définie sur trois intervalles (2.22) :

$$X_{mn}(j) = \frac{1}{(C\Delta t)^2} \int_m \int_n \left[\left[\frac{\chi(j-\overline{R})}{R} f_m(z) f_n(z') \right] \right] dz' dz \quad (2.30)$$

$$\begin{pmatrix} Y_{mn}^0(j) \\ Y_{mn}^1(j) \\ Y_{mn}^2(j) \end{pmatrix} = \frac{1}{(C\Delta t)^2} \int_m \int_n \begin{pmatrix} 1 \\ j - \overline{R} \\ (j - \overline{R})^2 \end{pmatrix} \left[\left[\frac{\chi(j - \overline{R})}{R} g_n(z) g_n(z') \right] \right] dz' dz \qquad (2.31)$$

Avec

$$\chi(j - \overline{R}) = \begin{cases} 1, & 0 \le j - \overline{R} < 1 \\ 0, & \sin on \end{cases} \qquad (2.32)$$

Alors la matrice Z[j] prend la forme suivante :

$$Z_{mn}[j] = \begin{bmatrix} \frac{1}{2} \widetilde{Y}_{mn}^2(j) + \\ \left[\frac{1}{2} Y_{mn}^0(j-1) + Y_{mn}^1(j-1) - \widetilde{Y}_{mn}^2(j-1) \right] \\ + \left[\frac{1}{2} Y_{mn}^0(j-2) - Y_{mn}^1(j-2) + \frac{1}{2} \widetilde{Y}_{mn}^2(j-2) \right] \end{bmatrix}_{j=1..N} \qquad (2.33)$$

où $\widetilde{Y}_{mn}^2(j) = Y_{mn}^2(j) + 2 X_{mn}(j)$

Reprenons (2.27), pour chaque instant t_i, nous inversons la matrice Z[0]. Alors, nous obtenons la distribution spatiale du vecteur de Hertz à cet instant de mesure, en fonction des instants t_j (j<i). La densité de courant électrique est déterminée par la relation :

$$J_{n,j} = \frac{1}{4\pi\varepsilon} \frac{C_{n,j} - C_{n,j-1}}{\Delta t} \qquad (2.34)$$

Bien que le schéma itératif obtenu nous garantisse un remplissage correct et précis des matrices MoM et par conséquent un calcul rigoureux de l'inconnu de notre problème, ce dernier impose le respect d'une condition de stabilité $\left(\Delta t \le R_{min}/C \right)$ [41][42]. Cette condition lie le pas temporel au pas spatial car $R_{min} = f(\Delta z)$.

2.4.3. Le développement de la TD-MoM par les fonctions de Laguerre

La base temporelle des fonctions dérivantes des polynômes de Laguerre a été introduite par Sarker et son équipe [43]-[45]. Ainsi, ils ont développé la méthode MOD «Marching on Degree» qui remplace la MOT ou plutôt qui résout les problèmes d'instabilité de la MOT. Le choix de cette base découle de quelques critères mathématiques et physiques des polynômes de Laguerre tels que la causalité, l'orthogonalité, la convergence, ... Dans ce qui suit, nous allons représenter les différentes propriétés des fonctions de Laguerre.

2.4.3.1. Les polynômes de Laguerre

Les polynômes de Laguerre, nommés par E. Laguerre, sont les solutions de l'équation différentielle linéaire de second ordre: $xy''+(1-x)y'+ny = 0$. En fait, ces polynômes forment une suite définie par :

$$L_n(x) = \frac{e^x}{n!}\frac{d^n}{dx^n}\left(e^{-x}x^n\right) \quad (2.35)$$

Les polynômes $L_n(x)$ sont récursifs. Ils sont déterminés par la relation suivante :

$$\begin{cases} L_0(x) = 1 \\ L_1(x) = 1 - x \\ L_n(x) = \frac{2n-1-x}{n}L_{n-1}(x) - \frac{n-1}{n}L_{n-2}(x) \quad n \geq 2, x \geq 0 \end{cases} \quad (2\ 36)$$

Toutefois, des ordres élevés de ce polynôme sont générés rapidement.

2.4.3.1.1. La base temporelle des fonctions Laguerre

La base temporelle qui dérive des polynômes de Laguerre est exprimée par (2.37) avec L_j est le polynôme d'ordre « j ».

$$\varphi_j(t) = e^{-t/2}L_j(t) \quad (2.37)$$

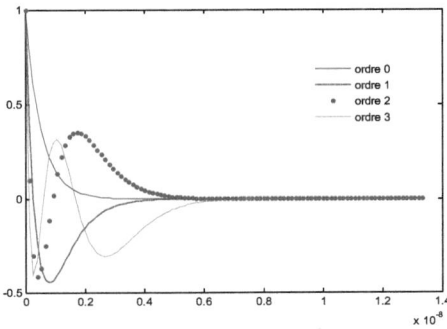

Figure 2.4 : Les quatre fonctions de Laguerre d'ordre 0, 1, 2 et 3.

2.4.3.1.2. Les propriétés mathématiques et physiques des polynômes Laguerre

Causalité

Comme les polynômes de Laguerre sont définis pour $t \geq 0$, ils sont donc causals et ils sont appropriés à représenter toutes les réponses dans le domaine temporel. De ce fait, les fonctions $\varphi_i(t)$ sont causales.

Orthogonalité

Les fonctions $\varphi_i(t)$ sont orthogonales les unes par rapport aux autres pour le produit scalaire défini par :

$$\langle \varphi_i(t), \varphi_j(t) \rangle = \int_0^\infty e^{-t} L_i(t) L_j(t) dt = \delta_{ij} = \begin{cases} 1, & i = j \\ 0, & i \neq j \end{cases} \qquad (2.38)$$

Convergence

Les fonctions de Laguerre tendent vers zéro quand $t \to \infty$ (voir la figure 2.4). Par conséquent, toute grandeur approximée par ces fonctions ne diverge pas.

Les dérivées temporelles

Les fonctions $\varphi_i(t)$ permettent de contourner le problème des dérivées dans la TD-EFIE sans passer par la différence finie :

$$\frac{d}{dt} X_i(t) = s \sum_{n=0}^\infty \left[\frac{1}{2} x_{i,n} + \sum_{k=0}^{n-1} x_{i,k} \right] \varphi_n(st) \qquad (2.39)$$

$$\frac{d^2}{dt^2} X_i(t) = s^2 \sum_{n=0}^\infty \left[\frac{1}{4} x_{i,n} + \sum_{k=0}^{n-1} (n-k) x_{i,k} \right] \varphi_n(st) \qquad (2.40)$$

2.4.3.2. La résolution de la TD-EFIE : Application de la méthode de Galerkin

Pour résoudre l'équation (2.11), nous introduisons le vecteur de Hertz (2.23). Ensuite, nous exprimons l'inconnu du problème dans la base temporelle des fonctions de Laguerre $\varphi_j(t)$ et la base des fonctions spatiales $f_n(z)$, comme suit :

$$C(z,t) \approx \sum_{j=1}^N \sum_{n=1}^M C_n(j) f_n(z) \varphi_j(st) \qquad (2.41)$$

Où « s » est le facteur d'échelle [45]. Généralement l'intervalle d'analyse d'un phénomène transitoire est très petit (ns) ; pour cela cet intervalle est multiplié par «s» pour que la fonction de Laguerre ne tende pas vers zéro. « N » est le nombre optimal des fonctions de Laguerre.

2.4.3.2.1. La procédure spatiale

En appliquant Galerkin dans le domaine spatial, nous obtenons :

$$-\mu \sum_{n=1}^{M} A_{mn} \frac{\partial^2 c_n(t - R_{mn}/C)}{\partial t^2} + \frac{1}{\varepsilon} \sum_{n=1}^{M} B_{mn} c_n(t - R_{mn}/C) = -E_m^{inc}(t) \quad (2.42)$$

Avec

$$\begin{cases} A_{mn} = \left\langle f_m(z), \frac{1}{4\pi} \int \frac{f_n(z')}{R} dz' \right\rangle \\ B_{mn} = \left\langle f_m(z), \frac{1}{4\pi} \frac{\partial}{\partial z} \int \frac{\partial f_n(z')}{\partial z'} \frac{1}{R} dz' \right\rangle \\ E_m^{inc}(t) = \left\langle f_m(z), E^{Inc}(z,t) \right\rangle \end{cases}$$

En fait, nous avons supposé que dans un intervalle spatial Δz, la durée de propagation R/C est constante. Ainsi, le temps mis par la source pour envoyer des informations au point d'observation est constant dans un intervalle spatial élémentaire. Ce qui implique que $t - R/C \approx t - R_{mn}/C$. Cette supposition permet d'écarter le terme retard de l'intégration spatiale.

2.4.3.2.2. La procédure temporelle

L'application de Galerkin dans le domaine temporel consiste à remplacer le vecteur de Hertz, approximé par (2.41), dans l'équation intégrale (2.11) puis projeter cette dernière sur la fonction Laguerre $\varphi_a(st)$ d'ordre « a ». La TD-EFIE prend la forme suivante :

$$\left[-s^2 \mu \sum_{n=1}^{M} A_{mn} \sum_{e=0}^{\infty} \left[\frac{1}{4} c_{n,e} + \sum_{k=0}^{e-1}(e-k)c_{n,k} \right] \left\langle \varphi_a(st), \varphi_e(s(t - R_{mn}/C)) \right\rangle + \frac{1}{\varepsilon} \sum_{n=1}^{M} B_{mn} \sum_{e=0}^{\infty} c_{n,e} \left\langle \varphi_a(st), \varphi_e(s(t - R_{mn}/C)) \right\rangle \right] = -\left\langle \varphi_a(st), E_m^{inc}(t) \right\rangle \quad (2.43)$$

Notons que la dérivée $\frac{\partial^2}{\partial t^2}$ est remplacée par (2.41) et le produit scalaire des fonctions de Laguerre est exprimé par (2.44) :

$$I_{ij}(y) = \left\langle \varphi_i(t), \varphi_j(t-y) \right\rangle = \begin{cases} e^{-y/2}\left[L_{i-j}(y) - L_{i-j-1}(y)\right], & j \leq i \\ 0, & j > i \end{cases} \quad (2.44)$$

D'après (2.44), le produit scalaire des fonctions de Laguerre est nul pour $e > a$. De ce fait, l'infini ∞ dans la somme dans l'équation (2.43) est remplacé par « a ». D'autre part, les coefficients $c_{n,e}$ sont connus pour les ordres inférieurs à « a », ils sont arrangés donc dans le terme à droite. Nous obtenons ainsi l'équation suivante :

$$\left[\sum_{n=1}^{M}\left[-\frac{s^2\mu}{4}A_{mn} + \frac{B_{mn}}{\varepsilon}\right]I_{aa}(s(t - R_{mn}/C))\right]c_{n,a}$$

$$= -E_{m,a}^{inc} + \begin{bmatrix} +s^2\mu\sum_{n=1}^{M}A_{mn}\left[\sum_{k=0}^{a-1}(a-k)c_{n,k}\right]I_{aa}(s(t - R_{mn}/C)) \\ +s^2\mu\sum_{n=1}^{M}A_{mn}\sum_{e=0}^{a-1}\left[\frac{1}{4}c_{n,e} + \sum_{k=0}^{e-1}(e-k)c_{n,k}\right]I_{ae}(s(t - R_{mn}/C)) \\ -\frac{1}{\varepsilon}\sum_{n=1}^{M}B_{mn}\sum_{e=0}^{a-1}c_{n,e}I_{ae}(s(t - R_{mn}/C)) \end{bmatrix} \quad (2.45)$$

De cette dernière équation (2.46), nous déduisons le système matriciel suivant :

$$[A] * [C]^a = [B]^a \quad (2.46)$$

Avec

$$\begin{cases} A_{mn} = \left[\sum_{n=1}^{M}\left[-\frac{s^2\mu}{4}A_{mn} + \frac{B_{mn}}{\varepsilon}\right]I_{aa}(s(t - R_{mn}/C))\right] \\ B_m = -E_{m,a}^{inc} + \begin{bmatrix} +s^2\mu\sum_{n=1}^{M}A_{mn}\left[\sum_{k=0}^{a-1}(a-k)c_{n,k}\right]I_{aa}(s(t - R_{mn}/C)) \\ +s^2\mu\sum_{n=1}^{M}A_{mn}\sum_{e=0}^{a-1}\left[\frac{1}{4}c_{n,e} + \sum_{k=0}^{e-1}(e-k)c_{n,k}\right]I_{ae}(s(t - R_{mn}/C)) \\ -\frac{1}{\varepsilon}\sum_{n=1}^{M}B_{mn}\sum_{e=0}^{a-1}c_{n,e}I_{ae}(s(t - R_{mn}/C)) \end{bmatrix} \end{cases}$$

A est une matrice spatiale, elle est indépendante de l'ordre de la fonction de Laguerre. La distribution spatiale du vecteur de Hertz est calculée par inversion de la matrice A en augmentant l'ordre $\{a, 0, 1, .., M\}$. D'ailleurs, cette incrémentation d'ordre « a » justifie la nomination de la méthode MOD «Marching-on-Degree». Ensuite, il sera possible de calculer la densité de courant en se basant sur la relation (2.47).

$$J_n(t) = \frac{d}{dt}c_n(t) = s\sum_{a=0}^{N}\left[\frac{1}{2}c_{n,a} + \sum_{k=0}^{a-1}c_{n,k}\right]\varphi_a(st) \quad (2.47)$$

2.4.3.2.3. La séparation des variables spatiale et temporelle

En raison de la propriété d'additivité des fonctions de Laguerre, les pas spatial et temporel peuvent être complètement écartés. Ainsi, le schéma itératif obtenu est inconditionnellement stable. Les différentes propriétés déjà citées, permettent d'éviter l'approximation des grandeurs à des instants qui ne correspondent pas à des instants de mesure (retard). Par conséquent, les valeurs de ces grandeurs sont obtenues à chaque instant de mesure et de façon exacte. Rappelons que l'instabilité des différents schémas itératifs est due au fait que les grandeurs sont calculées à des instants antérieurs à l'instant de mesure.

2.4.4. Les résultats de simulation

Dans ce qui suit, nous proposons d'étudier la validation de la TD-MoM développée dans ce présent chapitre. Pour cela, nous considérons le cas d'un fil mince (de longueur L=2m et de rayon a=0.01 m) présenté à la figure 2.2. Ce dernier est illuminé par une onde incidente gaussienne [31]:

$$E^{inc}(z,t) = E_0 \frac{4}{T\sqrt{\pi}} e^{-\left(\frac{4}{T}(ct-ct_0-\vec{r}.\vec{a}_k)\right)^2} \quad (2.48)$$

Avec $\vec{E}_0 = 120\pi \vec{a}_z$, $ct_0 = 3LM$ (Light-Meter) et $T = 2LM$.

L'intervalle temporel d'observation est égale à [0..40LM].

Dans l'équation (2.48), le vecteur $\vec{r}$ est le vecteur position allant de l'origine du repère, le vecteur $\vec{a}_k$ est le vecteur unitaire orienté dans la direction de propagation de l'onde incidente. Ce dernier vérifie la relation suivante : $\vec{E}_0.\vec{a}_k = 0$.

En fait, nous nous intéressons dans cette section à la:
- Comparaison des temps de calcul nécessaires pour la convergence de chaque schéma: Schéma MOT, schéma B-Spline et schéma Laguerre.
- Détermination de la réponse transitoire de l'antenne en se basant sur les trois schémas

2.4.4.1. La comparaison des temps de calcul

Le temps de calcul est un facteur important qui permet d'évaluer les méthodes numériques, particulièrement les méthodes itératives. En fait, le calcul du temps total, pour chaque schéma, permet de suivre l'évolution des erreurs en fonction du nombre d'itérations. Ainsi, le temps total T est la durée nécessaire, par un calculateur, pour résoudre un problème avec une méthode itérative matricielle en « k » itérations. Il est exprimé dans [62] par:

$$T = T_s + kN^2 T_m \quad (2.49)$$

Avec :

T_s : Temps nécessaire pour le calcul de N^2 éléments d'une matrice ;
k : Nombre d'itérations nécessaires à la convergence ;
N : Nombre de lignes (ou colonne de la matrice) ;
T_m : Temps mis par un calculateur pour évaluer une multiplication.

Afin de comparer les trois schémas itératifs dérivant de la TD-MoM, nous avons procédé au calcul des temps d'exécution relatifs à chaque schéma tout en variant le nombre de fonctions de base et le nombre d'itérations qui dépend du pas temporel ou du nombre de fonctions de Laguerre. Toutefois, nous supposons que N_s représente le nombre de fonctions spatiales, N_t est le nombre d'itérations et M est le nombre de fonctions de Laguerre. Rappelons que les deux schémas (schéma MOT et schéma B-Spline) présentent la même complexité $O(N_t N_s^2)$. Par contre la complexité relative au schéma Laguerre est $O(M^2 N_s^2)$.

D'autre part, pour étudier la variation des résultats en fonction des paramètres temporels et spatiaux, nous avons calculé l'erreur relative $\xi = 100 * \frac{\left|\|Courant\|_{\text{Ref}} - \|Courant\|\right|}{\|Courant\|_{\text{Ref}}} (\%)$ sur la valeur du courant. Le $Courant|_{\text{Ref}}$ est calculé dans [31] par une transformée de fourier inverse discrète (Inverse Discrete Fourier Transform IDFT).

Tous les résultats obtenus sont présentés dans le tableau 2.1. Ce dernier montre que le temps de calcul et l'erreur dépendent du nombre de fonctions de base. En fait, la variation de N_s implique aussi la variation du nombre d'itérations pour le schéma MOT ; car les pas spatial et temporel doivent vérifier la condition de stabilité. Toutefois, l'augmentation de N_s implique un temps de calcul important par contre une réduction de l'erreur.

Tableau 2.1: Comparaison des temps de calcul et des erreurs.

		Schéma Laguerre			Schéma B-Spline			Schéma MOT	
Ns	M	CPUTime	Erreur	Nt	CPUTime	Erreur	Nt	CPUTime	Erreur
20	80	53.370932	3.1e-5	100	25.678425	7.3e-3	400	12.547568	0.17
50	80	102.693258	3.05e-5	100	124.598376	1.4e-2	1000	451.264199	2.7e-2

Il est observé de la figure 2.5 une légère variation de l'erreur en fonction du nombre des fonctions de Laguerre. Ce résultat est obtenu pour différents pas temporels et confirme que le schéma Laguerre est inconditionnellement stable contrairement aux schémas MOT et B-Spline.

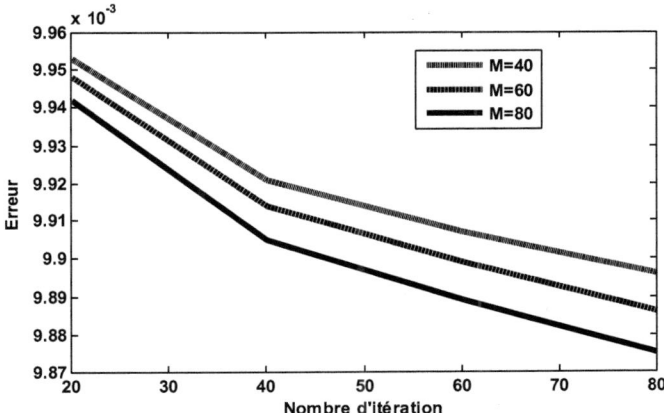

Figure 2.5 : Evolution de l'erreur en fonction du nombre d'itérations et par variation du nombre de fonctions de Laguerre.

Notons que les résultats sont obtenus par un processeur Intel(R) Core (TM) i3- @ 2.53 GHz avec 4Go de mémoire. Tous les programmes sont simulés par matlab R2010b comme langage de compilation.

2.4.4.2. La réponse transitoire de l'antenne

Pour déterminer la réponse transitoire de l'antenne, nous calculons la densité de courant induit sur la surface de l'antenne par l'onde incidente transitoire (2.48). Ainsi, les paramètres de simulation, spatiaux et temporels, sont fixés en se basant sur l'étude de la section précédente, à savoir :

- Le pas de discrétisation spatial : $\Delta z = 0.02m$
- Le pas de discrétisation temporel : $\Delta t = \Delta z / C$ avec C est la vitesse de propagation et Δt est exprimé en seconde;
- Les paramètres du schéma Laguerre : facteur d'échelle $s=10^8$ et le nombre de fonctions de Laguerre est M=80.

Il est observé (figure 2.6) que les résultats obtenus par les trois schémas se rapprochent considérablement de la courbe de référence [31]. Cette dernière est calculée par une transformée de fourier inverse discrète (Inverse Discrete Fourier Transform IDFT) appliquée à la solution du même problème dans le domaine fréquentiel dont la FD-EFIE est résolue pour 128 fréquences appartenant à l'intervalle [2-256MHz] .

La figure 2.7 illustre la distribution spatio-temporelle du courant. Ainsi, nous remarquons que le courant s'annule aux extrémités de l'antenne et donc les conditions aux limites sont vérifiées.

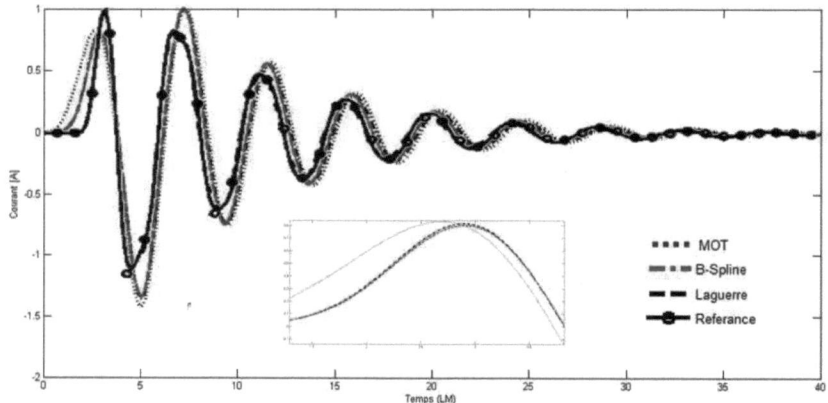

Figure 2.6 : La réponse transitoire au centre de l'antenne.

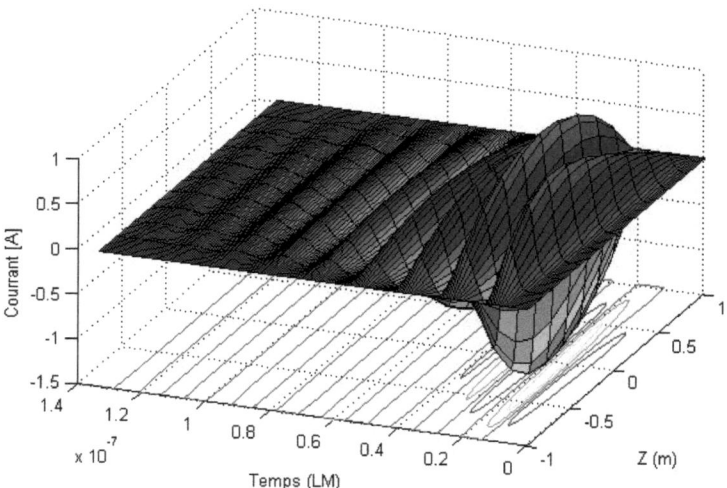

Figure 2.7 : La distribution du courant spatio-temporelle.

2.4.4.3. Conclusion

A l'issue de l'étude précédente, nous admettons que la TD-MoM associée aux fonctions de Laguerre est la plus adéquate pour la résolution des problèmes de diffractions transitoires. L'indépendance des pas spatial et temporel a engendré un schéma itératif inconditionnellement stable aussi la rapidité de convergence. Notons qu'à partir de M=60 la convergence est atteinte.

Dans la première technique, les fonctions de Dirac sont utilisées pour fixer les instants de mesure. En effet, nous avons procédé par dérivation de l'équation intégrale (TD-IE), puis nous avons appliqué la jauge de Lorentz. Le schéma itératif résultant est obtenu par discrétisation des opérateurs spatial et temporel. Ce schéma nous a permis d'obtenir une solution sans inversion des matrices spatiales. Par contre, il présente l'inconvénient de lier les pas temporel et spatial par la condition de stabilité.

La deuxième technique fait appel aux fonctions B-Spline pour approximer les inconnues. Nous avons utilisé ces fonctions B-Spline comme base temporelle. Afin d'appliquer la MoM, les fonctions Dirac sont utilisées comme base de fonctions de test. Ainsi, nous avons développé un schéma itératif avec dépendance entre les pas spatial et temporel. Toutefois, le problème que nous avons rencontré avec cette technique est le remplissage des matrices spatiales à chaque itération ; ce qui augmente le temps total d'exécution car le schéma itératif demande le remplissage d'une nouvelle matrice MoM à chaque itération.

Avec la troisième technique, nous avons appliqué la MoM, particulièrement la variante Galerkin, pour la résolution des (TD-IE). Les fonctions dérivant des polynômes de Laguerre sont utilisées comme base temporelle. L'application de Galerkin a diminué les erreurs. Ainsi, l'avantage de cette technique est l'indépendance des pas temporel et spatial.

2.5. Application de la TD-MoM associée aux fonctions de Laguerre pour étudier la réponse transitoire d'un réseau d'antennes minces

D'après la section 2.4, la TD-MoM avec les fonctions de Laguerre est, numériquement et théoriquement, la plus adéquate. Pour cela, nous proposons dans ce qui suit d'étudier la validité du schéma de Laguerre pour prédire la réponse d'un réseau d'antennes.

En effet, pour des raisons de sécurité, il est très important d'étudier la réponse transitoire d'un réseau d'antennes et de fixer les distances de sécurité séparant les éléments de ce dernier [48]-[51]. Il a été établi que l'interférence entre les composants d'un réseau peut agir rapidement sur le fonctionnement de ce dernier. En effet, l'étude de la réponse transitoire d'un réseau peut s'étendre aussi aux filtres duplexeurs, câbles, connecteurs, antennes, appareils de combinaison, fils de connexion dans les mâts, fils et autres objets métalliques voisins du réseau d'antennes soumis ou source des perturbations transitoires. Dans ce cas, l'interaction entre les éléments induit des courants transitoires qui risque de les endommager.

Ainsi, pour faire face à ce problème, nous procédons à développer un système d'équations intégrales couplées permettant de modéliser un réseau d'antennes et d'étudier le couplage entre ces différents composants tout en fixant les distances de sécurité séparant les éléments du réseau.

Après avoir défini la (les) source (s) perturbatrice (s), une étude de couplage est menée à l'émission et à la réception des signaux perturbateurs en fonction des distances séparant les différentes antennes.

2.5.1. La formulation Générale

Dans l'espace libre, nous considérons un réseau de K antennes, rectilignes et minces, dirigées vers l'axe (oz). Comme présentée dans la figure 2.8 (a), les antennes sont identiques, placées perpendiculairement au plan horizontal (xoz).

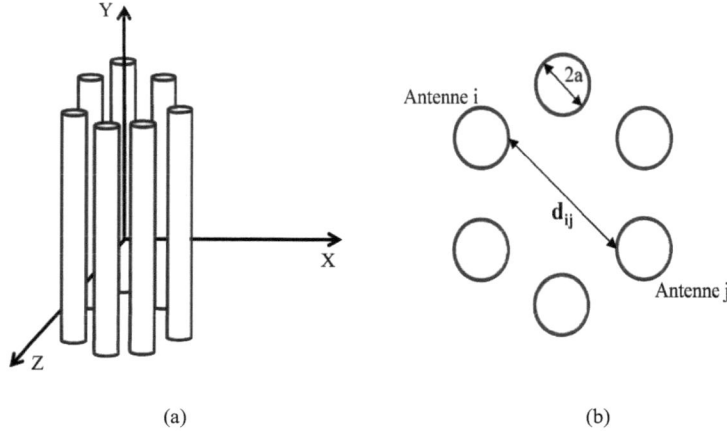

(a)   (b)

Figure 2.8 : Réseau d'antennes minces : (a) Localisation des différentes antennes ; (b) Distance de séparation (ou distance de risque).

Afin de développer une formulation générale, nous supposons que chaque antenne « i » est excitée par une source perturbatrice $\vec{E}_i^{inc}(z,t)$. Cette dernière est une onde plane se déplaçant selon l'axe z. A l'issue de la prise en compte des conditions aux limites des champs électriques sur la surface de chaque antenne, le système d'équations suivant est établi :

$$\begin{cases} \left[\vec{E}_1^{Total}\right]_{\tan g} = \vec{E}_1^{inc} + \vec{E}_{11}^{diff}(\vec{J}_1) + \vec{E}_{12}^{diff}(\vec{J}_2) + \ldots + \vec{E}_{1K}^{diff}(\vec{J}_K) = \vec{0} : Antenne\,1 \\ \left[\vec{E}_2^{Total}\right]_{\tan g} = \vec{E}_2^{inc} + \vec{E}_{21}^{diff}(\vec{J}_1) + \vec{E}_{22}^{diff}(\vec{J}_2) + \ldots + \vec{E}_{2K}^{diff}(\vec{J}_K) = \vec{0} : Antenne\,2 \\ \cdot \\ \cdot \\ \cdot \\ \left[\vec{E}_K^{Total}\right]_{\tan g} = \vec{E}_K^{inc} + \vec{E}_{K1}^{diff}(\vec{J}_1) + \vec{E}_{K2}^{diff}(\vec{J}_2) + \ldots + \vec{E}_{KK}^{diff}(\vec{J}_K) = \vec{0} : Antenne\,K \end{cases} \quad (2.50)$$

En fait, le système (2.50) présente l'interaction entre les différentes antennes de ce réseau. Le champ total $\vec{E}_i^{Total}$ est rayonné, dans l'espace libre, par la source $\vec{J}_i$, (induite par la perturbation

$\vec{E}_i^{inc}(z,t)$ sur l'antenne « i » aussi par les différentes sources $\vec{J}_j, \{j=1..K,\ j \neq i\}$ Notons que le champ $\vec{E}_{ij}^{diff}(\vec{J}_j)$ est le champ rayonné par la source $\vec{J}_j$ et diffracté sur l'antenne « i ».

En se basant sur l'expression du champ diffracté (2.8) ainsi que les expressions des potentiels vecteur (2.9) et scalaire (2.10) ; l'équation intégrale du champ électrique $\vec{E}_{ij}^{diff}(\vec{J}_j)$ est développée sachant que les sources $(\vec{J}_j, q_j)$ sont remplacées par le vecteur de Hertz (2.23), nous obtenons donc :

$$\vec{E}_{ij}^{diff}(\vec{J}_j) = -\frac{\mu}{4\pi}\frac{\partial^2}{\partial t^2}\int \frac{e_i(z', t - R_{ij}/C)}{R_{ij}}dz' + \frac{1}{4\pi\varepsilon}\frac{\partial}{\partial z}\int \frac{\partial e_i(z', t - R_{ij}/C)}{\partial z'}\frac{1}{R_{ij}}dz' \quad (2.51)$$

avec $R_{mn}^{ij} = \sqrt{(z_m - z_n')^2 + d_{ij}^2}$ est la distance d'interaction entre le point source z_n' localisé sur la surface de l'antenne « i » et le point d'observation z_m localisé sur l'axe de l'antenne « j ». Les axes des antennes sont divisés en M sous-domaines égaux de longueur Δz. Les deux antennes sont séparées par la distance d_{ij} (présentée dans la figure 2.8 (b)):

$$\begin{cases} d = d_{ij} = \sqrt{(x_i - x_j)^2 + (y_i - y_j)^2}, & i \neq j \\ d = a, & i = j \end{cases}$$

Par conséquent, la durée de propagation, proportionnelle à cette distance « d » ; est exprimée par :

$$t - \frac{R_{ij}(z,z')}{C} \approx t - \frac{R_{ij}(Z(m), Z(n))}{C} = t - \frac{R_{mn}^{ij}}{C}$$

Finalement, un système d'équations (TD-EFIE) est établi tout en remplaçant (2.51) dans le système (2.50).

2.5.2. La résolution des TD-EFIE : Application de la TD-MoM

Le vecteur de Hertz est approximé par une base spatiale de fonction triangulaire rectiligne $f_k(z)$ et une base temporelle dérivant des polynômes de Laguerre :

$$e^j(z,t) \approx \sum_{b=0}^{\infty}\sum_{k=1}^{M} e_{k,b}^j f_k(z)\varphi_b(st),\ j = 1..K \quad (2.52)$$

L'étape suivante consiste à projeter le système d'équations obtenu sur les fonctions $f_m(z)$ et $\varphi_a(t)$, nous obtenons ainsi pour la $j^{\text{ème}}$ antenne la TD-EFIE suivante:

$$\sum_{i=1}^{K}\sum_{n=1}^{M}\left[-s^2\mu\frac{a_{mn}^{ij}}{4}+\frac{b_{mn}^{ij}}{\varepsilon}\right]I_{aa}(s\frac{R_{mn}^{ij}}{C})e_{n,a}^i$$

$$=-E_{m,a}^j-\sum_{i=1}^{K}\left[\begin{array}{l}\sum_{n=1}^{M}s^2\mu a_{mn}^{ij}\sum_{k=0}^{a-1}(a-k)e_{n,k}^i I_{aa}(s\frac{R_{mn}^{ij}}{C})\\ -\sum_{n=1}^{M}s^2\mu a_{mn}^{ij}\sum_{b=0}^{a-1}\left[\frac{1}{4}e_{n,b}^i+\sum_{k=0}^{b-1}(b-k)e_{n,k}^i\right]I_{ab}(s\frac{R_{mn}^{ij}}{C})\\ +\sum_{n=1}^{M}\frac{b_{mn}^{ij}}{\varepsilon}\sum_{b=0}^{a-1}e_{n,b}^i I_{ab}(s\frac{R_{mn}^{ij}}{C})\end{array}\right] \quad (2.53)$$

Avec

$$\begin{cases} a_{mn}^{ij} = \dfrac{1}{4\pi}\left\langle f_m(z), \int \dfrac{f_n(z')}{R_{ij}}dz'\right\rangle \\ b_{mn}^{ij} = \dfrac{1}{4\pi}\left\langle f_m(z), \dfrac{\partial}{\partial z}\int \dfrac{\partial f_n(z')}{\partial z'}\dfrac{1}{R_{ij}}dz'\right\rangle \\ E_m^i(t) = \left\langle f_m(z), E_i^{inc}(z,t)\right\rangle \end{cases}$$

En exprimant (2.53) sur les différentes antennes, nous établissons le système matriciel (2.54).

$$\begin{bmatrix}[A^{11}] & [A^{12}] & \cdots & [A^{1K}]\\ [A^{21}] & [A^{22}] & \cdots & [A^{2K}]\\ \vdots & \vdots & & \vdots \\ [A^{K1}] & [A^{K2}] & \cdots & [A^{KK}]\end{bmatrix}\begin{bmatrix}[e^1]\\ [e^2]\\ \vdots \\ [e^K]\end{bmatrix}^a = -\begin{bmatrix}[E^1]+[P^1]\\ [E^2]+[P^2]\\ \vdots \\ [E^K]+[P^K]\end{bmatrix}^a \Leftrightarrow A*X^a=B^a \quad (2.54)$$

La résolution du système (2.53) est effectuée en augmentant l'ordre de la fonction de Laguerre « a ». Ainsi, nous obtenons les distributions spatiales et temporelles des vecteurs de Hertz. Les densités de courant électrique $\{\vec{J}^i, i=1..K\}$ sont calculées par application de la relation (2.47).

2.5.3. Les résultats de simulation

Dans cette partie, nous allons appliquer notre formulation pour prédire la réponse transitoire d'un réseau composé de deux antennes, ensuite nous allons étudier l'effet du couplage sur la réponse de la structure en fonction de la distance de sécurité qui sépare les antennes. Pour cela, nous considérons deux antennes identiques, parallèles et séparées par une distance d, comme présentées dans la figure 2.9.

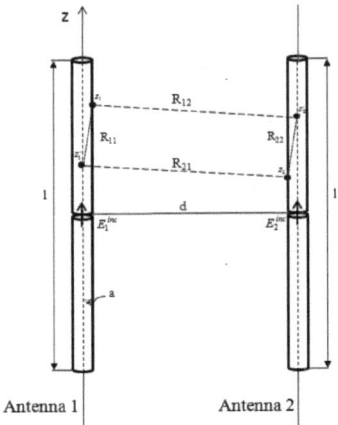

Figure 2.9 : Réseau de deux antennes finies et identiques.

Les deux antennes sont excitées aux centres par deux sources perturbatrices transitoires, exprimées par :

$$V(t) = V_0 e^{\left(-g^2(t-t_0)^2\right)} \tag{2.55}$$

Dont les paramètres sont : $V_0 = 1V$, $g = 10^8 s^{-1}$ et $t_0 = 10^{-8} s$. Pour obtenir une solution stable et précise, nous optons pour $\{s = 10^{-8}\, et\, M = 80\}$.

Comme notre réseau se compose uniquement de deux antennes, alors le système matriciel (2.54) est exprimé par :

$$\begin{bmatrix}\begin{bmatrix}K^{11}\end{bmatrix} & \begin{bmatrix}K^{12}\end{bmatrix} \\ \begin{bmatrix}K^{21}\end{bmatrix} & \begin{bmatrix}K^{22}\end{bmatrix}\end{bmatrix}\begin{bmatrix}\begin{bmatrix}e^1\end{bmatrix} \\ \begin{bmatrix}e2\end{bmatrix}\end{bmatrix}^a = -\begin{bmatrix}\begin{bmatrix}E^1\end{bmatrix}+\begin{bmatrix}P^1\end{bmatrix} \\ \begin{bmatrix}E^2\end{bmatrix}+\begin{bmatrix}P^2\end{bmatrix}\end{bmatrix}^a \tag{2.56}$$

Les matrices spatiales $K^{12} = K^{21}$ sont les matrices du couplage. Elles sont présentées dans la figure 2.10 en fonction de la distance de séparation d. Or, au-delà d'une distance $d_c = 0.1 * L$ (L : Longueur de l'antenne), théoriquement, le couplage s'atténue.

La figure 2.11 confirme ce résultat. Elle illustre la dépendance de la densité du courant avec la distance d. Notons que pour $d \geq d_c$ le courant ne change plus et par conséquent le couplage entre les deux antennes est négligeable et il confirme le résultat observé dans la figure 2.10. Rappelons que nous traitons le cas où les deux antennes sont excitées.

Traitons maintenant le cas où uniquement l'antenne 1 est excitée c.-à-d. cette antenne est émettrice (source de perturbation) et l'antenne 2 est réceptrice (victime) afin d'étudier l'effet de la distance de risque d sur la réponse transitoire du réseau.

Dans le cas où $d < d_c$, les figures 2.12 (a) et (b) présentent les variations des amplitudes des densités de courant aux centres des deux antennes en fonction du temps.

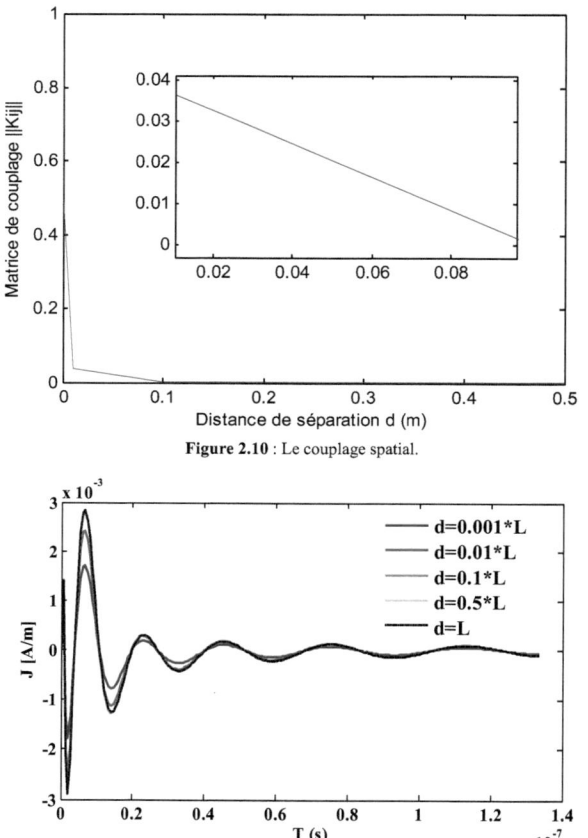

Figure 2.10 : Le couplage spatial.

Figure 2.11 : Le courant transitoire au centre de l'antenne pour différentes distances de séparation d.

Les réponses des deux antennes, pour $d \geq d_c$, sont illustrées dans les figures 2.12 (c) et (d). Ainsi, pour les distances supérieures à $d_c = 0.1*L$, le courant induit sur l'antenne 2, non excitée ou réceptrice, diminue considérablement ; ce qui confirme le résultat théorique (figure 2.10). Par conséquent, le problème se ramène à l'étude d'une seule antenne.

En se basant sur les résultats illustrés dans la figure 2.12, nous pouvons fixer la distance d à partir de laquelle l'antenne 2 ou la victime est bien protégée contre les perturbations transitoires rayonnées par l'antenne 1 (la source).

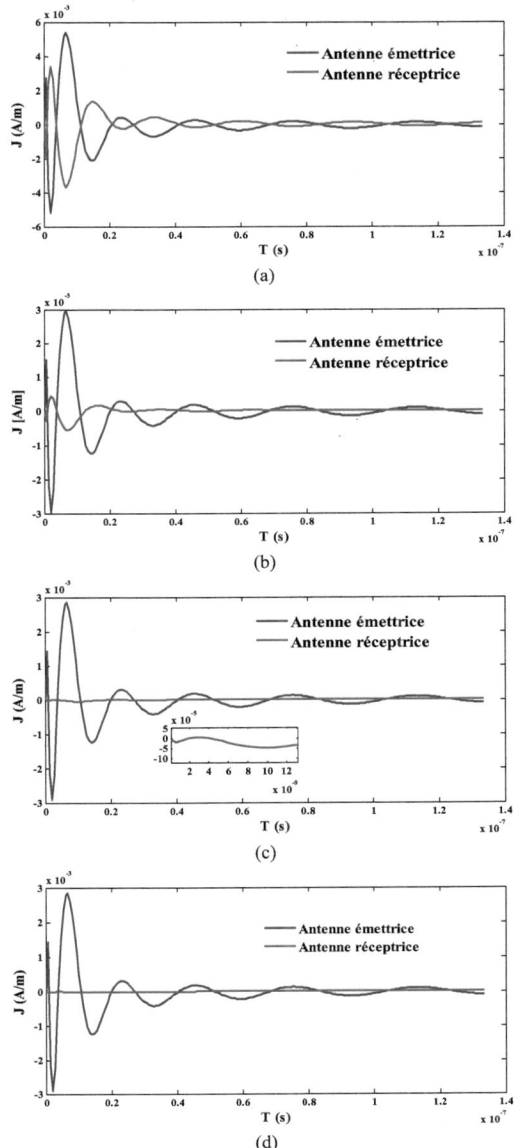

Figure 2.12 : La densité de courant transitoire au centre des deux antennes : (a) d=0.001*L ; (b) d=0.01*L ; (c) d=0.1*L ; (d) d=0.5*L.

2.6. Conclusion

Dans ce chapitre, nous avons présenté en premier lieu, la formulation mathématique de la MoM. Ensuite nous avons développé une équation intégrale en champ électrique dans le domaine temporel (TD-EFIE) qui modélise la diffraction d'une perturbation transitoire par une antenne mince localisée dans l'espace libre.

Pour résoudre cette équation, nous avons reformulé la MoM dans le domaine temporel et nous avons développé trois schémas itératifs dérivant de trois bases temporelles : la base des fonctions de Dirac, la base des fonctions B-Spline et la base des fonctions de Laguerre. Suite à une étude comparative des trois schémas développés, nous avons adopté le schéma inconditionnellement stable dérivant des fonctions de Laguerre pour étudier les différentes applications envisagées dans ce manuscrit telle que l'étude de la réponse transitoire d'un réseau d'antennes.

En fait, cette application a fait l'objet de la dernière partie de ce chapitre là où nous avons appliqué la MoM/Laguerre pour prédire la réponse d'un réseau composé de deux antennes. Nous avons traité le cas ou une des deux antennes est source de perturbation transitoire. Ainsi, nous avons pu fixer la distance de risque séparant les deux antennes et à partir de laquelle l'antenne victime est en immunité.

Chapitre 3
Application de la TD-MoM pour l'étude de la réponse transitoire d'une cavité rectangulaire avec fente excitée par deux sources perturbatrices

3.1. Introduction

Depuis ces dernières décennies, la pollution électromagnétique a fortement augmenté dans notre environnement quotidien. La présence d'un champ électrique ou magnétique risque d'endommager les équipements qui sont suffisamment vulnérables pour être affectés. Ainsi, pour les protéger vis-à-vis des rayonnements perturbateurs, ils peuvent être placés dans une cavité qui permet d'atténuer fortement le champ. Or, les cavités possèdent en pratique des défauts tels que les fentes utilisées pour visualisation, ventilation, passage de câbles, etc.

La prédiction des risques CEM consiste à évaluer ces défauts dès la phase amont, avant la réalisation du système. Cette phase consiste à déterminer le niveau de couplage se produisant à travers les ouvertures. En effet, lors de la conception d'une cavité, il s'agit d'éviter au maximum les fuites des champs électromagnétiques, nous proposons dans ce chapitre une nouvelle formulation mathématique générale qui permet de modéliser ce problème du couplage. Ainsi, nous procédons à développer un système d'équations intégrales en champ électrique (TD-EFIE).

Pour résoudre ce système d'équations, nous appliquons la MoM dans les domaines spatial et temporel. Ensuite, nous appliquons le modèle développé pour évaluer le couplage entre deux sources perturbatrices à travers une ouverture. Il s'agit d'une source rayonnée par une antenne externe couplée à une deuxième source localisée à l'intérieur de la cavité. Les résultats obtenus sont comparés à ceux obtenus par la TD-MoM associée aux fonctions B-Spline.

3.2. Position du problème

Depuis plusieurs dizaines d'années, l'étude du couplage par des ouvertures dans le domaine temporel a connu des avancées. Les premiers modèles numériques développés ont été basés sur un plan infini contenant une ouverture. Ces modèles ont été formulés dans le domaine fréquentiel. Puis, en cas de besoin, l'analyse temporelle peut être effectuée en appliquant une transformée de fourrier inverse [53]. Par la suite, dans des travaux antérieurs, la SEM (Singular Expansion Method) a été appliquée pour étudier les problèmes de diffraction transitoire [53][54].

Cependant, ces modèles n'étaient pas adaptés aux problèmes reliés à la CEM ; par exemple le blindage ne peut pas être modélisé par un plan infini mais par une cavité fermée. C'est pourquoi, dans certains travaux récents [55]-[56], des modèles basés sur le formalisme électromagnétique ont été développés dans le domaine temporel afin de modéliser convenablement le couplage à travers des ouvertures. Ces modèles mathématiques s'écrivent sous forme d'équations différentielles ou intégrales et permettent d'appliquer des conditions aux limites exactes. Alors que plusieurs méthodes numériques peuvent être appliquées pour résoudre ces équations, telles que la FDTD, aucune d'elles ne pourrait être privilégiée ou considérée comme la méthode parfaite. En effet, chaque méthode numérique présente des limites (voir chapitre 1). Toutefois, le choix de la méthode adéquate dépend des particularités du problème à traiter.

En se basant sur la formulation du chapitre précédent, nous développons dans ce qui suit, un nouveau modèle qui permet de résoudre le problème du couplage entre deux sources électromagnétiques transitoires à travers une ouverture par application de la MoM dans le domaine temporel.

En effet, la structure à étudier consiste en une cavité rectangulaire avec une ouverture taillée sur l'une de ses parois. Cette cavité enferme une antenne placée à une distance d de l'ouverture. A l'extérieur de ce système, une deuxième antenne est localisée à une distance D. Les deux antennes sont perpendiculaires sur le plan de l'ouverture, comme présenté dans la figure 3.1 (a).

Ainsi, notre objectif consiste à protéger ce système contre les agressions perturbatrices transitoires (internes ou externes). Pour cela, nous développons un modèle capable de prédire la réponse transitoire de ce système dans le cas où les deux antennes (ou bien l'une d'elles) sont soumises (est soumise) à des ondes électromagnétiques transitoires.

Afin de réduire la complexité du modèle, nous appliquons le principe d'équivalence. Le problème initial est alors divisé en un problème équivalent externe et un problème équivalent interne. A l'issue de l'application des conditions aux limites appropriées, un système

d'équations intégrales modélisant ce problème a été établi. Ces équations intégrales permettent de prédire la réponse transitoire du système et de traiter les cas suivants :
- Les deux antennes sont excitées simultanément par deux sources électromagnétiques transitoires.
- Uniquement l'antenne externe est excitée c.à.d. source de perturbation. Dans ce cas, nous déterminons le courant transitoire induit sur la surface de l'antenne interne , la victime. Ce courant est dû à la source perturbatrice externe rayonnée par l'antenne et couplée à la cavité à travers la fente.
- Uniquement l'antenne interne est excitée à travers une sonde (source). Dans ce cas, nous déterminons le courant transitoire induit sur la surface de l'antenne externe (la victime). Ce courant est dû à la source perturbatrice rayonnant vers l'extérieur à travers la fente.

Comme le système d'équations intégrales est développé dans le domaine temporel, nous optons à la formulation temporelle de la méthode des moments (TD-MoM) dérivant des fonctions de Laguerre pour résoudre ce dernier. Afin de valider les résultats obtenus, nous développons un deuxième schéma itératif découlant de la base des fonctions B-Spline.

3.3. Formulation des équations intégrales en champ électrique TD-EFIE

Considérons la cavité rectangulaire décrite dans le paragraphe précédent et représentée par la figure 3.1 (a). Au voisinage de cette cavité, une antenne est positionnée au point (x_A, y_A) et excitée par une onde transitoire $(\vec{E}_{01} = E_{01}\vec{y})$. A l'intérieur de la cavité, une deuxième antenne localisée à la position (x_P, y_P), est excitée par une deuxième onde $(\vec{E}_{02} = E_{02}\vec{y})$.

Pour modéliser les deux antennes, nous avons adopté les approximations «fil mince», présentées au chapitre 2. Aussi, nous supposons que :
- La structure est invariante par rapport à l'axe Z.
- L'axe X correspond à l'axe horizontal partant du milieu de la structure ;
- L'axe Y est vertical ;
- La cavité est découpée suivant (XY) et définie donc par les arrêts de dimensions $a \times b$.

3.3.1. Principe d'équivalence

Pour résoudre notre problème, nous procédons en premier lieu à appliquer le principe d'équivalence qui est l'un des principes fondamentaux de l'électromagnétisme [59]. En fait, ce principe divise le problème initial en deux problèmes équivalents : interne (Figure 3.1 (c)) et externe (Figure 3.1 (d)).

Ces deux problèmes équivalents sont séparés par une surface équivalente continue. Quant à la fente, elle est court-circuitée et placée à une distance infinitésimale de la surface équivalente [59]-[61]. Physiquement, elle est remplacée par un courant magnétique équivalent que nous l'exprimons en fonction des champs électriques couplés au niveau de l'ouverture (équations (3.1) et (3.3)).

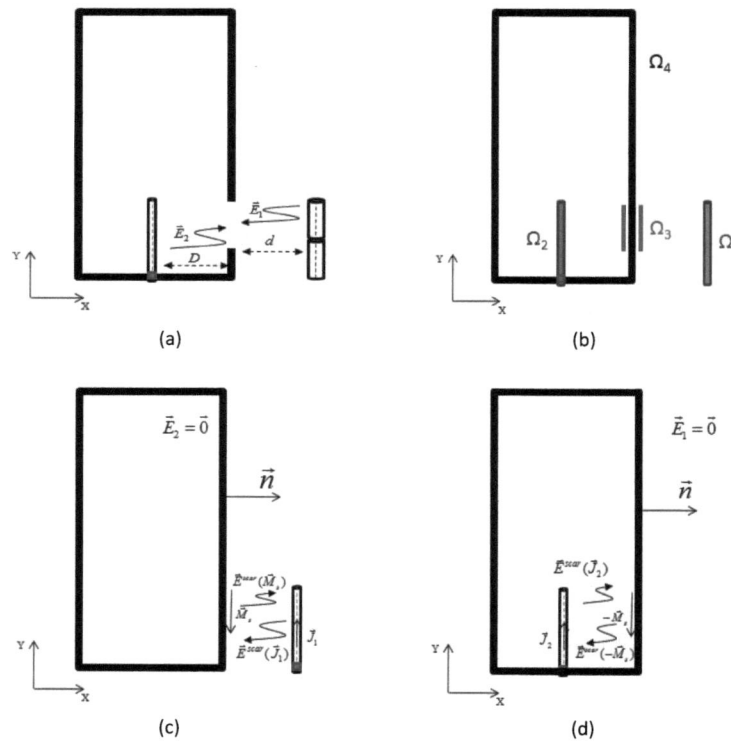

Figure 3.1: Géométrie du problème : (a) Le problème initial; (b) Les différents domaines ; (c) Problème externe équivalent ; (d) Problème interne équivalent.

A l'issu de l'application du principe d'équivalence, les domaines suivants sont définis (figure 3.1 (b)) :

$D_1 = \Omega_1 \cup \Omega_3 \cup \Omega_4$: Domaine externe ;

$D_2 = \Omega_2 \cup \Omega_3 \cup \Omega_4$: Domaine interne.

avec

Ω_1 : Surface de l'antenne externe;

Ω_2 : Surface de l'antenne interne;

Ω_3 : Domaine de la fente;

Ω_4 : Surface équivalente (ou surface de Huygens) qui sépare le problème interne et le problème externe. Nous supposons que cette surface est parfaitement conductrice et qui vient de court-circuiter la fente.

3.3.1.1. Problème équivalent externe

Dans le domaine équivalent externe, la densité de courant magnétique $\vec{M}_s$ induite par la fente et la densité de courant électrique $\vec{J}_1$ induite par la source $\vec{E}_{01}$ sur la surface de l'antenne sont maintenues. Ainsi, le champ total $\vec{E}_1$, au milieu extérieur, est le résultat de superposition des champs diffractés $\vec{E}^{diff}(\vec{J}_1)$ et $\vec{E}^{diff}(\vec{M}_s)$; avec $\vec{E}^{diff}(\vec{J}_1)$ est le champ rayonné par la source $\vec{J}_1$ et $\vec{E}^{diff}(\vec{M}_s)$ est celui rayonné par $\vec{M}_s$. Par contre, le domaine interne est dépourvu de source; ce qui implique un champ total nul à l'intérieur de la cavité. Par conséquent, la densité de courant magnétique et le champ total sont reliés, au niveau de la fente, par la relation (3.1).

$$\vec{M}_s = -\vec{n} \times \vec{E}_1 \tag{3.1}$$

avec

$$\vec{E}_1 = \vec{E}_{01} + \vec{E}^{diff}(\vec{M}_s) + \vec{E}^{diff}(\vec{J}_1) \tag{3.2}$$

3.3.1.2. Problème équivalent interne

Dans ce cas, c'est le problème externe qui est privé de sources. Ceci implique un champ $\vec{E}_1$ nul. Quant au domaine interne, les sources $(-\vec{M}_s, \vec{J}_2)$ existent et rayonnent les champs $\vec{E}^{diff}(\vec{J}_2)$ et $\vec{E}^{diff}(-\vec{M}_s)$. Notons que la densité de courant électrique $\vec{J}_2$ est induite par la source $\vec{E}_{02}$ sur la surface de l'antenne interne et que la densité de courant magnétique $\vec{M}_s$ est induite au niveau de l'ouverture.

$$\vec{M}_s = -\vec{n} \times \vec{E}_2 \tag{3.3}$$

avec

$$\vec{E}_2 = \vec{E}_{01} + \vec{E}^{diff}(-\vec{M}_s) + \vec{E}^{diff}(\vec{J}_2) \tag{3.4}$$

Nous considérons dans le reste du rapport l'indice (1) pour le problème externe et l'indice (2) pour le problème interne.

3.3.2. Formulation générale

Il était possible jusqu'à présent d'appliquer les conditions physiques réelles de notre problème, à savoir la continuité des champs au niveau des deux antennes, les parois de la cavité (surface équivalente) et l'interface de séparation des deux domaines (la fente). Rappelons que les composantes tangentielles des champs électriques sont continues à travers ces interfaces. Par conséquent, nous définissons le système d'équations (3.5) qui présente la continuité des champs dans les différents domaines.

$$\begin{cases} \left[\vec{E}_{01} + \vec{E}^{\,diff}(\vec{J}_1) + \vec{E}^{\,diff}(\vec{M}_s)\right]_{\tan} = \vec{0} \ sur \ \Omega_1 \\ \left[\vec{E}_{02} + \vec{E}^{\,diff}(\vec{J}_2) + \vec{E}^{\,diff}(-\vec{M}_s)\right]_{\tan} = \vec{0} \ sur \ \Omega_2 \\ \left[\vec{E}^{\,diff}(\vec{J}_1) + \vec{E}^{\,diff}(\vec{M}_s)\right]_{\tan} = \left[\vec{E}^{\,diff}(\vec{J}_2) + \vec{E}^{\,diff}(-\vec{M}_s)\right]_{\tan} \ sur \ \Omega_3 \\ \left[\vec{E}^{\,diff}(\vec{J}_1) + \vec{E}^{\,diff}(\vec{M}_s)\right]_{\tan} = \vec{0} \ sur \ \Omega_4 \\ \left[\vec{E}^{\,diff}(\vec{J}_2) + \vec{E}^{\,diff}(-\vec{M}_s)\right]_{\tan} = \vec{0} \ sur \ \Omega_4 \end{cases} \quad (3.5)$$

Le champ électrique diffracté $\vec{E}^{\,diff}(\vec{M}_s)$ rayonné à partir du vecteur potentiel magnétique $\vec{F}$ est exprimé par la relation (3.6).

$$\vec{E}^{\,diff}(\vec{M}_s) = -\frac{1}{\varepsilon} \nabla \times \vec{F} \quad (3.6)$$

avec

$$\vec{F}(x,y,t) = \frac{\varepsilon}{4\pi} \iint_{\Omega_3} \frac{\vec{M}_s(x',y',t - R_{3j}/c)}{R_{3j}(x,y,x',y')} ds', \ (x,y) \in \Omega_{\{j,\ j=1,2,3,4\}} \quad (3.7)$$

Quant aux champs électriques $\{\vec{E}^{\,diff}(\vec{J}_i), i = 1,2\}$, leurs expressions sont développées dans le chapitre 2 (équations (2.9) et (2.10)). Les potentiels magnétiques scalaire et vecteur sont définis, par domaine, comme suit :

$$\varphi_i(x,y,t) = \frac{1}{4\pi\varepsilon} \iint_{\Omega_i} \frac{q_i(x',y',t - R_{ij}/c)}{R_{ij}(x,y,x',y')} ds', \ (x,y) \in \Omega_j, i=1,2 \ et \ j = \{1,2,3,4\} \quad (3.8)$$

$$\vec{A}_i(x,y,t) = \frac{\mu}{4\pi} \iint_{\Omega_i} \frac{\vec{J}_i(x',y',t - R_{ij}/c)}{R_{ij}(x,y,x',y')} ds', \ (x,y) \in \Omega_j, \ i=1,2 \ et \ j = \{1,2,3,4\} \quad (3.9)$$

Le terme $t - R_{ij}/c$ représente le retard. Il dépend de la distance de séparation $R_{ij} = \sqrt{(x-x')^2 + (y-y')^2}$ qui représente l'interaction entre le point d'observation $(x',y') \in \Omega_i$ et le point source $(x,y) \in \Omega_j$. Les différentes distances R_{ij}, relatives aux problèmes interne et externe, sont présentées dans la figure 3.2.

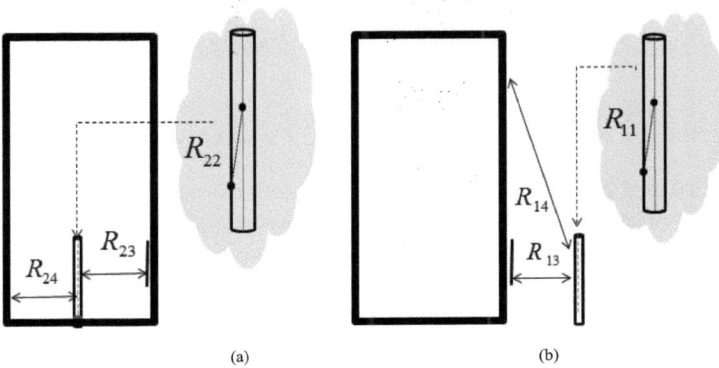

Figure 3.2: Distance d'interaction R$_{ij}$: (a) Cas du problème interne ; (b) Cas du problème externe.

Dans ce qui suit, les différentes sources $\{\vec{J}_1, \vec{J}_2, \vec{M}_s\}$ sont exprimées moyennant les vecteurs de Hertz $\{\vec{G}_1, \vec{G}_2, \vec{L}\}$:

$$\vec{J}_i(x, y, t) = \frac{d}{dt}\vec{G}_i(x, y, t), \ i = 1, 2 \tag{3.10}$$

$$q_i(x, y, t) = -\nabla \cdot \vec{G}_i(x, y, t), i = 1, 2 \tag{3.11}$$

$$\vec{M}_s(x, y, t) = \frac{d}{dt}\vec{L}(x, y, t) \tag{3.12}$$

Ainsi, en remplaçant les champs diffractés et les potentiels (scalaire et vecteur, électrique et magnétique) par leurs expressions dans (3.5), nous obtenons les équations intégrales en champ électrique exprimées dans le domaine temporel (TD-EFIE) :

$$\left[-\frac{\mu}{4\pi}\frac{d^2}{dt^2}\iint_{\Omega_1}\frac{\vec{G}_1(x',y',t-R_{11}/c)}{R_{11}(x,y,x',y')}ds' + \frac{1}{4\pi\varepsilon}\nabla\iint_{\Omega_1}\frac{\nabla\cdot\vec{G}_1(x',y',t-R_{11}/c)}{R_{11}(x,y,x',y')} - \frac{1}{4\pi}\nabla\times\iint_{\Omega_3}\frac{1}{R_{31}(x,y,x',y')}\frac{d}{dt}\vec{L}(x',y',t-R_{31}/c)ds'\right] \tag{3.13}$$
$$= -\vec{E}_{01}(x,y,t)$$

$$\left[-\frac{\mu}{4\pi}\frac{d^2}{dt^2}\iint_{\Omega_2}\frac{\vec{G}_2(x',y',t-R_{22}/c)}{R_{22}(x,y,x',y')}ds' + \frac{1}{4\pi\varepsilon}\nabla\iint_{\Omega_2}\frac{\nabla\cdot\vec{G}_2(x',y',t-R_{22}/c)}{R_{22}(x,y,x',y')} + \frac{1}{4\pi}\nabla\times\iint_{\Omega_3}\frac{1}{R_{32}(x,y,x',y')}\frac{d}{dt}\vec{L}(x',y',t-R_{32}/c)ds'\right] \tag{3.14}$$
$$= -\vec{E}_{02}(x,y,t)$$

$$\left[-\frac{\mu}{4\pi}\frac{d^2}{dt^2}\iint_{\Omega_1}\frac{\vec{G}_1(x',y',t-R_{13}/c)}{R_{13}(x,y,x',y')}ds' + \frac{1}{4\pi\varepsilon}\nabla\iint_{\Omega_1}\frac{\nabla\cdot\vec{G}_1(x',y',t-R_{13}/c)}{R_{13}(x,y,x',y')} - \frac{1}{4\pi}\nabla\times\iint_{\Omega_3}\frac{1}{R_{33}(x,y,x',y')}\frac{d}{dt}\vec{L}(x',y',t-R_{33}/c)ds'\right]$$
$$= \left[-\frac{\mu}{4\pi}\frac{d^2}{dt^2}\iint_{\Omega_2}\frac{\vec{G}_2(x',y',t-R_{23}/c)}{R_{23}(x,y,x',y')}ds' + \frac{1}{4\pi\varepsilon}\nabla\iint_{\Omega_2}\frac{\nabla\cdot\vec{G}_2(x',y',t-R_{23}/c)}{R_{23}(x,y,x',y')} + \frac{1}{4\pi}\nabla\times\iint_{\Omega_3}\frac{1}{R_{33}(x,y,x',y')}\frac{d}{dt}\vec{L}(x',y',t-R_{33}/c)ds'\right] \tag{3.15}$$

$$\left[-\frac{\mu}{4\pi}\frac{d^2}{dt^2}\iint_{\Omega_1}\frac{\vec{G}_1(x',y',t-R_{14}/c)}{R_{14}(x,y,x',y')}ds' + \frac{1}{4\pi\varepsilon}\nabla\iint_{\Omega_1}\frac{\nabla.\vec{G}_1(x',y',t-R_{14}/c)}{R_{14}(x,y,x',y')} - \frac{1}{4\pi}\nabla\times\iint_{\Omega_3}\frac{1}{R_{34}(x,y,x',y')}\frac{d}{dt}\vec{L}(x',y',t-R_{34}/c)ds'\right]=\vec{0} \quad (3.16)$$

$$\left[-\frac{\mu}{4\pi}\frac{d^2}{dt^2}\iint_{\Omega_2}\frac{\vec{G}_2(x',y',t-R_{24}/c)}{R_{24}(x,y,x',y')}ds' + \frac{1}{4\pi\varepsilon}\nabla\iint_{\Omega_2}\frac{\nabla.\vec{G}_2(y',t-R_{24}/c)}{R_{24}(x,y,x',y')} + \frac{1}{4\pi}\nabla\times\iint_{\Omega_3}\frac{1}{R_{34}(x,y,x',y')}\frac{d}{dt}\vec{L}(x',y',t-R_{34}/c)ds'\right]=\vec{0} \quad (3.17)$$

Les TD-FEIE en (3.13)-(3.17) permettent de modéliser le couplage des problèmes interne et externe. Il est important de noter que nous étudions le couplage entre les deux antennes à travers l'ouverture en considérant la diffraction sur les parois de la cavité.

3.4. Résolution des équations intégrales : TD-MoM

3.4.1. Procédure spatiale

Afin de résoudre le système des TD-EFIE développé, nous procédons à appliquer la MoM dans le domaine spatial. En effet, pour approximer les vecteurs de Hertz $\{\vec{G}_1,\vec{G}_2,\vec{L}\}$, nous associons à la base spatiale des fonctions triangulaires (2.13) une fonction de Dirac $(\delta(\vec{r}-r_i))$ dans le but de parcourir les différents domaines $\{\Omega_1,\Omega_2,\Omega_3,\Omega_4\}$ à discrétiser. Ainsi, la base des fonctions spatiales est définie par l'association des fonctions (3.18).

$$H_k^{(\Omega_i)}(h) = \begin{cases} \dfrac{h-h_{k-1}}{h_k-h_{k-1}}, & h \in [h_{k-1},h_k] \\ \dfrac{h_{k+1}-h}{h_{k+1}-h_k}, & h \in [h_k,h_{k+1}] \\ 0 & , \text{ sin } on \end{cases} \qquad \Lambda_{\chi_j}^{(\Omega_i)}(\chi) = \begin{cases} 1, & \chi=\chi_j \\ 0, & \text{sin } on \end{cases} \quad (3.18)$$

En se basant sur (3.18), les vecteurs de Hertz sont exprimés par :

$$\left[\begin{array}{l}\vec{G}_1(x,y,t) = \sum_{n=1}^{N_1} g_n^1(t)\vec{f}_n^{\,1}(x,y) \\ \vec{f}_n^{\,1}(x,y) = H_n^{(\Omega_1)}(y).\Lambda_{x_A}^{(\Omega_1)}(x)\vec{y}\end{array}\right. \quad (3.19)$$

$$\left[\begin{array}{l}\vec{G}_2(x,y,t) = \sum_{n=1}^{N_2} g_n^2(t)\vec{f}_n^{\,2}(x,y) \\ \vec{f}_n^{\,2}(x,y) = H_n^{(\Omega_{21})}(y).\Lambda_{x_p}^{(\Omega_2)}(x)\vec{y}\end{array}\right. \quad (3.20)$$

$$\begin{cases} \vec{L}(x,y,t) = \sum_{n=1}^{N_3} l_n(t)\vec{h}_n(x,y) \\ \vec{h}_n = \vec{n} \times \vec{f}_n \\ \vec{f}_n(x,y) = H_n^{(\Omega_3)}(y).\Lambda_{x_s}^{(\Omega_3)}(x)\vec{y} \end{cases} \qquad (3.21)$$

Notons que les domaines Ω_1, Ω_2 et Ω_3 sont divisés en N_1, N_2 et N_3 sous-domaines égaux de longueur Δy. Quant au domaine Ω_4, il est divisé en $N_4 = N_{4x} \times N_{4y}$ sous-domaines de longueur ($\Delta x, \Delta y$). La fonction qui permet de discrétiser ce domaine est présentée dans la figure 3.3. Elle est définie par :

$$\begin{cases} f_{n,y}^4(x,y) = H_n^{(\Omega_4)}(y).\Lambda_{x_{\{1,N_{4x}\}}}^{(\Omega_4)}(x) \\ f_{n,x}^4(x,y) = H_{\{1,N_{4y}\}}^{\{\Omega_4\}}(y).\Lambda_{x_n}^{(\Omega_4)}(x) \end{cases} \qquad (3.22)$$

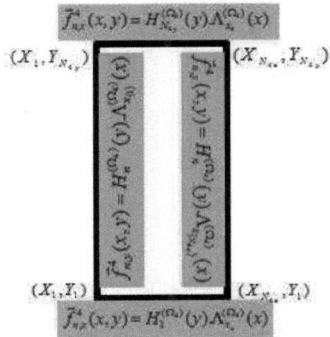

Figure 3.3: Fonction spatiale décrivant le domaine Ω_4.

Ensuite, nous remplaçons les inconnus $\{\vec{G}_1, \vec{G}_2, \vec{L}\}$ décrits par (3.19)-(3.21) dans les équations (3.13)-(3.17). Pour terminer la procédure spatiale, nous projetons les équations résultantes sur la base des fonctions de test comme suit :

- sur le domaine Ω_1 : $\langle f_m^1, (3.13) \rangle$;
- sur le domaine Ω_2 : $\langle f_m^2, (3.14) \rangle$,
- sur le domaine Ω_3 : $\langle h_m, (3.15) \rangle$;
- sur le domaine Ω_4 : $\langle f_m^4, (3.16) \rangle$ et $\langle f_m^4, (3.17) \rangle$.

Notons que :

$$E_m^j(t) = \left\langle \vec{f}_m^j(x,y), \vec{n} \times \vec{E}_{0j}(x,y,t) \right\rangle = \iint_{\Omega_j} \vec{f}_m^j(x,y).\left[\vec{n} \times \vec{E}_{0j}(x,y,t)\right]ds \ , j = 1\, ou\, 2. \qquad (3.23)$$

3.4.2. Procédure Temporelle

3.4.2.1. Schéma dérivant de la base temporelle des fonctions Laguerre

Afin d'appliquer la MoM dans le domaine temporel, nous adoptons la base dérivant des fonctions de Laguerre (voir chapitre 2). Rappelons que pour appliquer cette technique, nous considérons que : $\tau^{ij} = t - R^{ij}/c \rightarrow \tau_{mn}^{ij} = t - R_{mn}^{ij}/c$.

Ainsi, en se basant sur cette approximation, les TD-EFIE, résultantes de la procédure spatiale, prennent la forme suivante :

$$\sum_{n=1}^{N_1}\left[-\mu a_{mn}^{11}\frac{d^2 g_n^1(t-R_{mn}^{11}/c)}{dt^2}+\frac{b_{mn}^{11}}{\varepsilon}g_n^1(t-R_{mn}^{11}/c)\right]+\sum_{n=1}^{N_3}\left[-c_{mn}^{31}\frac{dl_n(t-R_{mn}^{31}/c)}{dt}\right]=-E_m^1(t) \quad (3.24)$$

$$\sum_{n=1}^{N_2}\left[-\mu a_{mn}^{22}\frac{d^2 g_n^2(t-R_{mn}^{22}/c)}{dt^2}+\frac{b_{mn}^{22}}{\varepsilon}g_n^2(t-R_{mn}^{22}/c)\right]+\sum_{n=1}^{N_3}c_{mn}^{32}\frac{dl_n(t-R_{mn}^{32}/c)}{dt}=-E_m^2(t) \quad (3.25)$$

$$\left[\sum_{n=1}^{N_1}\left[-\mu a_{mn}^{13}\frac{d^2 g_n^1(t-R_{mn}^{13}/c)}{dt^2}+\frac{b_{mn}^{13}}{\varepsilon}g_n^1(t-R_{mn}^{13}/c)\right]-\sum_{n=1}^{N_2}\left[-\mu a_{mn}^{23}\frac{d^2 g_n^2(t-R_{mn}^{23}/c)}{dt^2}+\frac{b_{mn}^{23}}{\varepsilon}g_n^2(t-R_{mn}^{23}/c)\right]\right.$$
$$\left.+2\sum_{n=1}^{N_3}-c_{mn}^{33}\frac{dl_n(t-R_{mn}^{33}/c)}{dt}\right]=0 \quad (3.26)$$

$$\sum_{n=1}^{N_1}\left[-\mu a_{mn}^{14}\frac{d^2 g_n^1(t-R_{mn}^{14}/c)}{dt^2}+\frac{b_{mn}^{14}}{\varepsilon}g_n^1(t-R_{mn}^{14}/c)\right]+\sum_{n=1}^{N_3}\left[-c_{mn}^{34}\frac{dl_n(t-R_{mn}^{34}/c)}{dt}\right]=0 \quad (3.27)$$

$$\sum_{n=1}^{N_2}\left[-\mu a_{mn}^{24}\frac{d^2 g_n^2(t-R_{mn}^{24}/c)}{dt^2}+\frac{b_{mn}^{24}}{\varepsilon}g_n^2(t-R_{mn}^{24}/c)\right]+\sum_{n=1}^{N_3}c_{mn}^{34}\frac{dl_n(t-R_{mn}^{34}/c)}{dt}=0 \quad (3.28)$$

avec

$$\begin{cases} a_{mn}^{ij} = \left\langle f_m^j(x,y), \frac{1}{4\pi}\iint_{\Omega_i}\frac{f_n^i(x',y')}{R_{ij}(x,y,x',y')}ds\right\rangle \\ b_{mn}^{ij} = \left\langle f_m^j(x,y), \frac{1}{4\pi}\nabla\iint_{\Omega_i}\frac{\nabla f_n^i(x',y')}{R_{ij}(x,y,x',y')}\right\rangle \\ c_{mn}^{3j} = \left\langle f_m^j(x,y), \frac{1}{4\pi}\nabla\times\iint_{\Omega_3}\frac{\vec{h}_m(x',y')}{R_{3j}(x,y,x',y')}ds'\right\rangle \end{cases} \quad (3.29)$$

Les inconnus $\{g_n^1(t), g_n^2(t), l_n(t)\}$ sont approximés via la base des fonctions de Laguerre $\{\varphi_a, a=1,2,...\}$, comme suit :

$$g_n^i(t) \approx \sum_{a=0}^{\infty} g_{n,a}^i \varphi_a(st), i = 1,2 \qquad (3.30)$$

$$l_n(t) \approx \sum_{a=0}^{\infty} l_{n,a} \varphi_a(st) \qquad (3.31)$$

Afin d'appliquer la méthode Galerkin, nous projetons (3.23)-(3.27) sur la fonction de Laguerre $\varphi_b(st)$ d'ordre « b ». Puis, en remplaçant $\{g_n^1(t), g_n^2(t), l_n(t)\}$ par leurs expressions (équations (3.30) et (3.31)) nous obtenons les équations suivantes :

$$\begin{bmatrix} \sum_{n=1}^{N_1} \left[-s^2 \mu a_{mn}^{11} \sum_{a=0}^{b} \left[\frac{1}{4} g_{n,a}^1 + \sum_{k=0}^{a-1}(a-k)g_{n,k}^1 \right] I_{ba}\left(s\binom{R_{mn}^{11}}{C}\right) + \frac{b_{mn}^{11}}{\varepsilon} \sum_{a=0}^{b} g_{n,a}^1 I_{ba}\left(s\binom{R_{mn}^{11}}{C}\right) \right] \\ + \sum_{n=1}^{N_3} -sc_{mn}^{31} \sum_{a=0}^{b} \left[\frac{1}{2} l_{n,a} + \sum_{k=0}^{a-1} l_{n,k} \right] I_{ba}\left(s\binom{R_{mn}^{31}}{C}\right) \end{bmatrix} = -E_{m,b}^1(t) \qquad (3.32)$$

$$\begin{bmatrix} \sum_{n=1}^{N_2} \left[-s^2 \mu a_{mn}^{22} \sum_{a=0}^{b} \left[\frac{1}{4} g_{n,a}^2 + \sum_{k=0}^{a-1}(a-k)g_{n,k}^2 \right] I_{ba}\left(s\binom{R_{mn}^{22}}{C}\right) + \frac{b_{mn}^{22}}{\varepsilon} \sum_{a=0}^{b} g_{r,a}^2 I_{ba}\left(s\binom{R_{mn}^{22}}{C}\right) \right] \\ + \sum_{n=1}^{N_3} sc_{mn}^{32} \sum_{a=0}^{b} \left[\frac{1}{2} l_{n,a} + \sum_{k=0}^{a-1} l_{n,k} \right] I_{ba}\left(s\binom{R_{mn}^{32}}{C}\right) \end{bmatrix} = -E_{m,b}^2(t) \qquad (3.33)$$

$$\begin{bmatrix} \left[\sum_{n=1}^{N_1} \left[-s^2 \mu a_{mn}^{13} \sum_{a=0}^{b} \left[\frac{1}{4} g_{n,a}^1 + \sum_{k=0}^{a-1}(a-k)g_{n,k}^1 \right] I_{ba}\left(s\binom{R_{mn}^{13}}{C}\right) + \frac{b_{mn}^{13}}{\varepsilon} \sum_{a=0}^{b} g_{n,a}^1 I_{ba}\left(s\binom{R_{mn}^{13}}{C}\right) \right] \right] \\ \left[-\sum_{n=1}^{N_2} \left[-s^2 \mu a_{mn}^{23} \sum_{a=0}^{b} \left[\frac{1}{4} g_{n,a}^2 + \sum_{k=0}^{a-1}(a-k)g_{n,k}^2 \right] I_{ba}\left(s\binom{R_{mn}^{23}}{C}\right) + \frac{b_{mn}^{23}}{\varepsilon} \sum_{a=0}^{b} g_{n,ab}^2 I_{ba}\left(s\binom{R_{mn}^{23}}{C}\right) \right] \right] \\ \left[+2\sum_{n=1}^{N_3} -sc_{mn}^{33} \sum_{a=0}^{b} \left[\frac{1}{2} l_{n,a} + \sum_{k=0}^{a-1} l_{n,k} \right] I_{ba}\left(s\binom{R_{mn}^{33}}{C}\right) \right] \end{bmatrix} = 0 \qquad (3.34)$$

$$\begin{bmatrix} \sum_{n=1}^{N_1} \left[-s^2 \mu a_{mn}^{14} \sum_{a=0}^{b} \left[\frac{1}{4} g_{n,a}^1 + \sum_{k=0}^{a-1}(a-k)g_{n,k}^1 \right] I_{ba}\left(s\binom{R_{mn}^{14}}{C}\right) + \frac{b_{mn}^{14}}{\varepsilon} \sum_{a=0}^{b} g_{n,a}^1 I_{ba}\left(s\binom{R_{mn}^{14}}{C}\right) \right] \\ + \sum_{n=1}^{N_3} -sc_{mn}^{34} \sum_{a=0}^{b} \left[\frac{1}{2} l_{n,a} + \sum_{k=0}^{a-1} l_{n,k} \right] I_{ba}\left(s\binom{R_{mn}^{34}}{C}\right) \end{bmatrix} = 0 \qquad (3.35)$$

$$\begin{bmatrix} \sum_{n=1}^{N_2} \left[-s^2 \mu a_{mn}^{24} \sum_{a=0}^{b} \left[\frac{1}{4} g_{n,a}^2 + \sum_{k=0}^{a-1}(a-k)g_{n,k}^2 \right] I_{ba}\left(s\binom{R_{mn}^{24}}{C}\right) + \frac{b_{mn}^{24}}{\varepsilon} \sum_{a=0}^{b} g_{n,a}^2 I_{ba}\left(s\binom{R_{mn}^{24}}{C}\right) \right] \\ + \sum_{n=1}^{N_3} sc_{mn}^{34} \sum_{a=0}^{b} \left[\frac{1}{2} l_{n,a} + \sum_{k=0}^{a-1} l_{n,k} \right] I_{ba}\left(s\binom{R_{mn}^{34}}{C}\right) \end{bmatrix} = 0 \qquad (3.36)$$

Notons que les produits scalaires des fonctions de Laguerre sont évalués dans (2.44). En arrangeant les termes des équations précédentes, nous aboutissons au système des équations simplifiées (3.37).

$$\begin{cases} \sum_{n=1}^{N_1} A_{mn}^{11} g_{n,b}^1 + \sum_{n=1}^{N_3} B_{mn}^{31} l_{n,b} = E_{m,b}^1 + S_{m,b}^1 \\ \sum_{n=1}^{N_2} A_{mn}^{22} g_{n,b}^2 + \sum_{n=1}^{N_3} B_{mn}^{32} l_{n,b} = E_{m,b}^2 + S_{m,b}^2 \\ \sum_{n=1}^{N_1} A_{mn}^{13} g_{n,b}^1 + \sum_{n=1}^{N_2} A_{mn}^{23} g_{n,b}^2 + \sum_{n=1}^{N_3} B_{mn}^{33} l_{n,b} = S_{m,b}^3 \\ \sum_{n=1}^{N_1} A_{mn}^{14} g_{n,b}^1 + \sum_{n=1}^{N_3} B_{mn}^{34} l_{n,b} = K_{m,b}^4 \\ \sum_{n=1}^{N_2} A_{mn}^{24} g_{n,b}^2 + \sum_{n=1}^{N_3} B_{mn}^{34} l_{n,b} = H_{m,b}^4 \end{cases} \quad (3.37)$$

Les matrices spatiales A^{ij}, B^{ij} et les vecteurs $\{S^j, K^4, H^4\}$ sont détaillés à l'annexe A. La notation matricielle du système (3.37) est donnée par :

$$\begin{bmatrix} [A^{11}] & [0] & [B^{31}] \\ [0] & [A^{22}] & [B^{32}] \\ [A^{13}] & [A^{23}] & [B^{33}] \\ [A^{14}] & [0] & [B^{34}] \\ [0] & [A^{24}] & [B^{34}] \end{bmatrix} \begin{bmatrix} g_b^1 \\ g_b^2 \\ l_b \end{bmatrix} = \begin{bmatrix} E_b^1 + S_b^1 \\ E_b^2 + S_b^2 \\ S_b^3 \\ K_b^4 \\ H_b^4 \end{bmatrix} \Leftrightarrow A * X^b = B^b \quad (3.38)$$

Les inconnus du problème sont rassemblés dans le vecteur X. La résolution de (3.38), par inversion de la matrice A pour chaque ordre « b » ($b = 0...M$), permet de déterminer les distributions spatiales des vecteurs de Hertz $\{G^1, G^2, L\}$. Notons que M est le nombre optimal des fonctions de Laguerre.

Ainsi, il sera possible de calculer les densités de courant $\{J^1, J^2, \vec{M}_s\}$ en appliquant (2.47).

3.4.2.2. Schéma dérivant de la base temporelle des fonctions B-Spline

Nous nous intéressons, dans ce paragraphe, à la résolution des équations intégrales résultantes de la procédure spatiale (section 3.4.1). Pour cela, les inconnus $\{G^1, G^2, L\}$ sont exprimés moyennant la base temporelle des fonctions B-Spline (2.22) :

$$\begin{cases} G^1(x,y,t) = 4\pi\varepsilon \sum_{j=1}^{\infty} \sum_{n=1}^{N_1} g_n^1(j) f_n^1(x,y) T(\bar{t} - j) \\ G^2(x,y,t) = 4\pi\varepsilon \sum_{j=1}^{\infty} \sum_{n=1}^{N_2} g_n^2(j) f_n^2(x,y) T(\bar{t} - j) \\ L(x,y,t) = 4\pi \sum_{j=1}^{\infty} \sum_{n=1}^{N_3} l_n(j) h_n(x,y) T(\bar{t} - j) \end{cases} \quad (3.39)$$

Ensuite, en appliquant les mêmes étapes décrites dans la section 2.4.2, nous obtenons en premier lieu :

$$\begin{cases} \sum_{j=1}^{\infty}\left[\sum_{n=1}^{N_1} Z_{mn}^{11}(i-j)g_n^1(j) + \sum_{n=1}^{N_3} K_{mn}^{13} l_n\right] = E_m^1(i) \\ \sum_{j=1}^{\infty}\left[\sum_{n=1}^{N_2} Z_{mn}^{22}(i-j)g_n^2(j) + \sum_{n=1}^{N_3} K_{mn}^{23} l_n\right] = E_m^2(i) \\ \sum_{j=1}^{\infty}\left[\sum_{n=1}^{N_1} Z_{mn}^{31}(i-j)g_n^1(j) + \sum_{n=1}^{N_3} K_{mn}^{33} l_n\right] = \sum_{j=1}^{\infty}\left[\sum_{n=1}^{N_2} Z_{mn}^{32}(i-j)g_n^2(j) + \sum_{n=1}^{N_3} -K_{mn}^{33} l_n\right] \\ \sum_{j=1}^{\infty}\left[\sum_{n=1}^{N_1} Z_{mn}^{41}(i-j)g_n^1(j) + \sum_{n=1}^{N_3} K_{mn}^{43} l_n\right] = 0 \\ \sum_{j=1}^{\infty}\left[\sum_{n=1}^{N_2} Z_{mn}^{42}(i-j)g_n^2(j) + \sum_{n=1}^{N_3} K_{mn}^{43} l_n\right] = 0 \end{cases} \quad (3.40)$$

avec

$$\begin{cases} Z_{mn}^{ij} = \left\langle f_n^i(x,y), \left[\iint_{\Omega_i} \frac{f_n^j(x',y')}{R_{ij}(x,y,x',y')} \frac{T''(k-\overline{R}^{ij})}{(C\Delta t)^2} ds \\ + \nabla \iint_{\Omega_i} \frac{\nabla f_n^j(x',y')}{R_{ij}(x,y,x',y')} T(k-\overline{R}^{ij}) \right] \right\rangle \\ K_{mn}^{3j} = \left\langle f_n^i(x,y), \nabla \times \iint_{\Omega_3} \frac{\overline{h}_n(x',y')}{R_{3i}(x,y,x',y')} \frac{T'(k-\overline{R}^{ij})}{\Delta t} ds' \right\rangle \end{cases} \quad (3.41)$$

En second lieu, nous aboutissons au système suivant:

$$\begin{cases} Z^{11}[0]g^1{}_n(i) + K^{13}[0]l_n(i) = \begin{bmatrix} E^1(i) \\ -\sum_{j=1}^{\min(i-1,L)} Z_{mn}^{11}[j]g^1{}_n(i-j) - \sum_{j=1}^{\min(i-1,L)} K_{mn}^{13}[j]l_n(i-j) \end{bmatrix} \\ Z^{22}[0]g^2{}_n(i) + K^{23}[0]l_n(i) = \begin{bmatrix} E^2(i) \\ -\sum_{j=1}^{\min(i-1,L)} Z_{mn}^{22}[j]g^2{}_n(i-j) - \sum_{j=1}^{\min(i-1,L)} K_{mn}^{23}[j]l_n(i-j) \end{bmatrix} \\ Z^{13}[0]g^1{}_n(i) + Z^{23}[0]g^2{}_n(i) + K^{33}[0]l_n(i) = \begin{bmatrix} -\sum_{j=1}^{\min(i-1,L)} Z_{mn}^{13}[j]g^1{}_n(i-j) \\ -\sum_{j=1}^{\min(i-1,L)} Z_{mn}^{23}[j]g^2{}_n(i-j) - 2\sum_{j=1}^{\min(i-1,L)} K_{mn}^{33}[j]l_n(i-j) \end{bmatrix} \\ Z^{41}[0]g^1{}_n(i) + K^{43}[0]l_n(i) = \begin{bmatrix} -\sum_{j=1}^{\min(i-1,L)} Z_{mn}^{41}[j]g^1{}_n(i-j) \\ -\sum_{j=1}^{\min(i-1,L)} K_{mn}^{43}[j]l_n(i-j) \end{bmatrix} \\ Z^{42}[0]g^2{}_n(i) + K^{43}[0]l_n(i) = \begin{bmatrix} -\sum_{j=1}^{\min(i-1,L)} Z_{mn}^{42}[j]g^2{}_n(i-j) \\ -\sum_{j=1}^{\min(i-1,L)} K_{mn}^{43}[j]l_n(i-j) \end{bmatrix} \end{cases} \quad (3.42)$$

Rappelons que l'avantage de cette technique réside dans le calcul exact des matrices spatiales $\{Z^{ij}[k], K^{ij}[k]\}_{k=1..N}$ sans appliquer aucune approximation (N représente le nombre des instants de mesure résultant de l'échantillonnage de l'intervalle temporel). Le calcul de $Z^{ij}[k]$ est détaillé dans le chapitre 2 (section 2.4.2). Cependant, pour calculer $K^{ij}[k]$ nous supposons que :

$$\begin{pmatrix} H_{mn}^0(j) \\ H_{mn}^1(j) \end{pmatrix} = \frac{1}{(C\Delta t)} \nabla \times \iint_{\Omega_1 \Omega_3} \left(\frac{1}{j-\overline{R}} \right) \left[\frac{\chi(j-\overline{R})}{R} h_n(x',y') d_n(x,y) \right] dx'dy'dxdy \quad (3.43)$$

Avec la fonction $\chi(j-\overline{R})$ est définie par (2.32).

En résolvant le système itératif (3.42), nous déterminons les distributions spatiales des vecteurs de Hertz, pour chaque itération « i ». Ensuite, nous obtenons les densités de courant électrique sur les deux antennes ($\vec{J}_1$, $\vec{J}_2$) et la densité de courant magnétique sur l'ouverture $\vec{M}_s$, en se basant sur les équations (3.44).

$$\begin{cases} J_n^1(i) = \frac{1}{4\pi\varepsilon} \frac{g_n^1(i) - g_n^1(i-1)}{\Delta t} \\ J_n^2(i) = \frac{1}{4\pi\varepsilon} \frac{g_n^2(i) - g_n^2(i-1)}{\Delta t} \\ M_n(i) = \frac{1}{4\pi} \frac{l_n(i) - l_n(i-1)}{\Delta t} \end{cases} \quad (3.44)$$

3.5. Résultats de simulation

Afin de valider la formulation proposée, nous considérons la structure illustrée dans la figure 3.4 dont les valeurs des différents paramètres sont présentées dans le tableau 3.1. Notons que nous adoptons les mêmes dimensions de la cavité et de l'antenne utilisées dans [58].

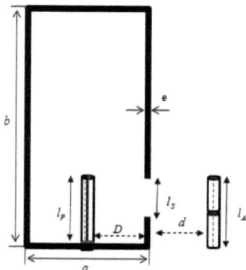

Figure 3.4: Géométrie et paramètres du problème à modéliser.

Tableau 3.1: Les paramètres de la structure.

Symbole	Paramètre	Valeur
a	Largeur de la cavité	0.0546 m
b	Longueur de la cavité	0.1093 m
l_s	Longueur de la fente	0.0076 m
(x_s, y_s)	Position du centre de la fente	(0.0546, 0.0273)
l_P	Longueur de l'antenne interne	0.0395 m
(x_p, y_p)	Position de l'antenne interne	(0.0272, 0)
L_a	Longueur de l'antenne externe	0.0395 m
(x_A, y_A)	Position de l'antenne externe	(a+0.0272, 0)
e	épaisseur	10^{-5} m

Les deux antennes sont excitées par deux perturbations transitoires modélisées par [46] :

$$V(t) = \exp\left(-\frac{(t-\mu)^2}{2\sigma^2}\right) \qquad (3.45)$$

avec $\mu = 20$ ns et $\sigma = 2$ ns.

Aussi, nous supposons que l'antenne externe est excitée au centre alors que l'antenne interne est excitée à travers une sonde à son extrémité basse. L'intervalle d'observation est [0, 2.5*10^{-7}s], il est divisé en N sous-domaines égaux de longueur $\Delta t = 3.12 \cdot 10^{-9}$s.

Notons que le pas temporel est utilisé avec le schéma B-Spline par contre les paramètres qui interviennent dans le schéma Laguerre sont le nombre des fonctions de Laguerre «M» et le facteur d'échelle «s» dont les valeurs optimales sont $M = 80$ et $s = 7.068 \times 10^8$. Les détails de calcul de ces paramètres sont présentés en [46]. Les différents domaines $\{\Omega_1 ... \Omega_4\}$ sont discrétisés avec des pas spatiaux présentés dans le tableau 3.2.

Tableau 3.2: Les paramètres de discrétisation spatiale.

Symbole	Paramètre	Valeur
Δx	Pas spatial	$2.73 \cdot 10^{-4}$ m
Δy	Pas spatial	$5.46 \cdot 10^{-4}$ m
N_1	Nombre de sous-domaines de Ω_1	$l_a/\Delta y$
N_2	Nombre de sous-domaines de Ω_2	$l_p/\Delta y$
N_3	Nombre de sous-domaines de Ω_3	$l_s/\Delta y$
N_4	Nombre de sous-domaines de Ω_4	$(N_{4x}, N_{4y}) = (a/\Delta x, b/\Delta y)$

Rappelons que nous désirons prédire la réponse transitoire du système à modéliser aussi de visualiser et étudier le couplage entre les deux antennes (interne et externe). Pour cela, nous supposons que la cavité est hors résonance et nous traitons les cas suivants :
- Les deux antennes sont excitées, simultanément, par deux sources électromagnétiques transitoires.
- Uniquement l'antenne externe est excitée.
- Uniquement l'antenne interne est excitée.

Notons que les différentes grandeurs illustrées dans les courbes sont normalisées.

3.5.1. Réponse transitoire de la structure

Tout d'abord, nous considérons le cas où les deux antennes sont excitées par la source (3.45). De ce fait, des courants transitoires sont induits sur les surfaces des antennes (les densités de courant électrique ($\vec{J}^1$ et $\vec{J}^2$)) et au niveau de la fente (la densité de courant magnétique $\vec{M}_s$).

La réponse transitoire du système est illustrée dans les figures 3.5 à 3.7 où nous observons que les courants induits subissent une variation brusque et rapide puis s'annulent. Cette variation brusque présente le phénomène transitoire caractérisé par sa durée et l'amplitude maximale du courant induit. Il est important de prédire les valeurs de ces deux paramètres afin d'évaluer les risques et d'avoir une idée sur la susceptibilité du système face aux parasites.

Physiquement, les résultats obtenus s'expliquent par l'apparition d'un phénomène transitoire dû aux perturbations électromagnétiques, pendant les intervalles de temps $T_1=[1.25*10^{-8}s, 3.125*10^{-8}s]$ et $T_2=[9.375*10^{-9}s, 2.812*10^{-8}s]$ et au-delà de ces intervalles le régime permanent est établi. Notons que T_1 et T_2 sont respectivement les durées des réponses transitoires des antennes externe et interne.

D'autre part, la réponse transitoire de la cavité, représentée par la densité de courant magnétique au niveau de l'ouverture, est due au couplage des deux antennes à travers cette ouverture. Cette réponse dure $T_3=[1.25*10^{-8}s, 3.43*10^{-8}s]$ puis le régime permanent est établi. Ainsi, pendant cet intervalle T_3, les densités de courant magnétique $\vec{J}^1$ et $\vec{J}^2$ sont couplées et leurs amplitudes sont également affectées par ce couplage.

Les distributions des courants électrique et magnétique sont calculées en se basant sur le schéma de Laguerre et le schéma B-Spline. Les résultats sont concordants excepté un léger décalage qui peut être expliqué par la présence d'erreurs numériques. Les causes de ces erreurs ont été expliquées au chapitre 2.

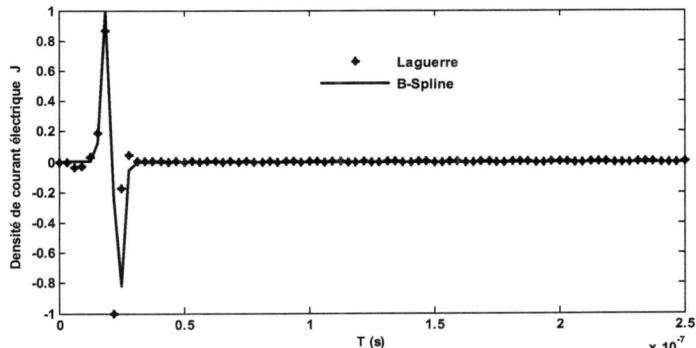

Figure 3.5: La densité de courant électrique au centre de l'antenne externe.

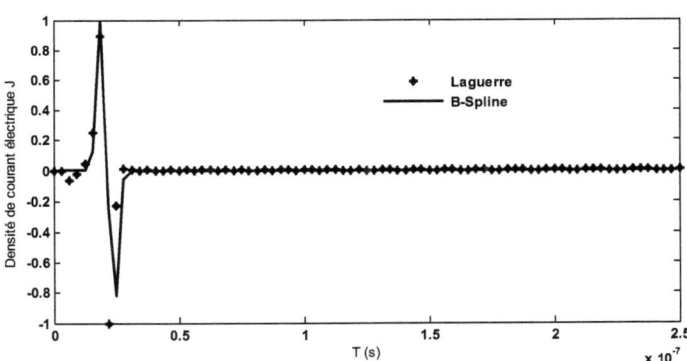

Figure 3.6: La densité de courant électrique au centre de l'antenne interne.

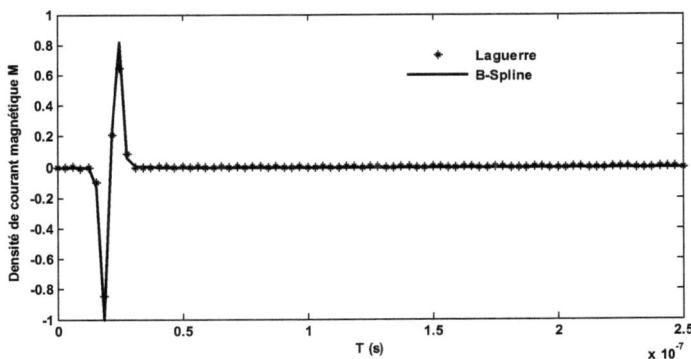

Figure 3.7: Densité de courant magnétique au centre de l'ouverture.

3.5.2. Etude du couplage

Afin de réduire les amplitudes des courants induits et par conséquent réduire le couplage entre les composants du système à analyser, nous procédons à varier les distances de séparation interne et externe aussi la taille de l'ouverture. Les résultats sont obtenus par application de la TD-MoM associée aux fonctions de Laguerre.

3.5.2.1. Effet de la variation des distances de séparation

Pour étudier l'effet de la variation des distances D et d sur la réponse transitoire de la structure, nous considérons les deux cas suivants:
- Source externe : Uniquement l'antenne externe est excitée (émettrice) ; nous varions la distance d et nous fixons D;
- Source interne : Uniquement l'antenne interne est excitée ; nous varions D et nous fixons d.

Dans les deux cas, nous mesurons la variation de la densité de courant magnétique en fonction de la distance de séparation (d ou D).

3.5.2.1.1. Couplage externe : antenne externe/ouverture

Nous considérons le premier cas où l'antenne interne est une antenne réceptrice, victime. Afin de protéger cette dernière contre les agressions externes, nous essayons de réduire le couplage entre l'antenne externe (source de perturbation) et l'ouverture en variant la distance d. Théoriquement, ce couplage est calculé par la matrice B^{13} (voir annexe A) qui dépend de la distance de séparation d. La figure 3.8 montre que la norme $\|B^{13}\|_2$ diminue dès que la distance d augmente donc le couplage augmente pour des petites distances. La variation de la densité de courant magnétique est présentée dans la figure (3.9) pour quatre distances de séparation: $d_1 = 0.01 \times a$, $d_2 = 0.05 \times a$, $d_3 = 0.1 \times a$ et $d_4 = 0.2 \times a$. Ainsi, nous remarquons que l'amplitude du courant est inversement proportionnelle à cette distance; elle diminue lorsque la distance d augmente ; ce qui confirme le résultat illustré dans la figure 3.8.

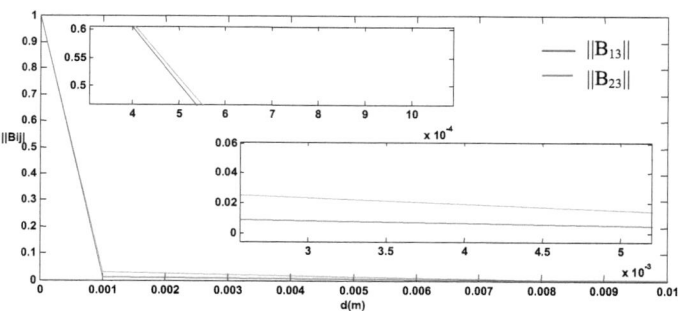

Figure 3.8: La variation du couplage en fonction de la distance d et en fonction de la distance D.

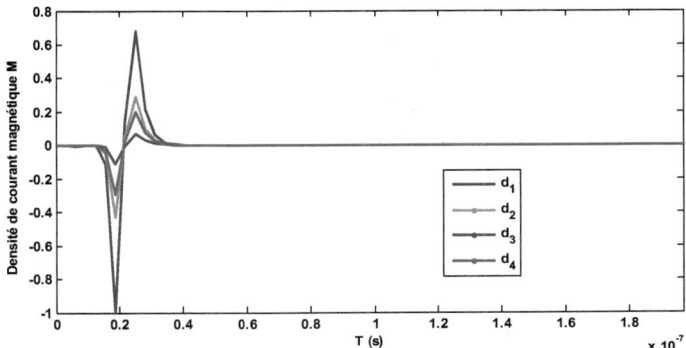

Figure 3.9: La densité de courant magnétique au centre de l'ouverture en fonction de la distance de séparation d.

3.5.2.1.2. Couplage interne : Antenne interne /ouverture

Dans cette section, nous considérons le deuxième cas où l'antenne externe est réceptrice du signal transitoire émis par l'antenne interne à travers l'ouverture. Afin de protéger la victime en réduisant le couplage entre l'antenne interne et l'ouverture, nous varions la distance D : $D_1 = 0.01 \times a$, $D_2 = 0.05 \times a$, $D_3 = 0.1 \times a$ et $D_4 = 0.2 \times a$.

D'après la figure (3.10), l'amplitude de la densité de courant magnétique diminue si D augmente. Théoriquement, ce résultat est prouvé dans la figure (3.8). Notons que la norme de la matrice spatiale B^{23} est calculée en fonction de D (voir annexe A).

D'autre part, en comparant les figures (3.9) et (3.10), nous relevons une différence au niveau des amplitudes de la densité de courant magnétique. Cette différence est due à l'effet des parois de la cavité qui enferme l'antenne interne.

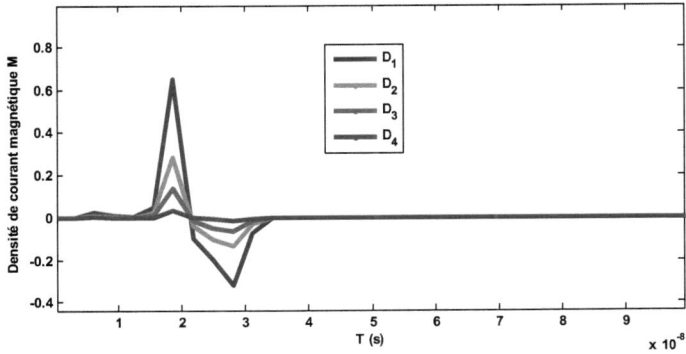

Figure 3.10: La variation de la densité de courant magnétique au centre de l'ouverture en fonction de la distance de séparation D.

3.5.2.1.3. Couplages interne et externe

Afin de mettre en évidence les couplages interne et externe, nous varions simultanément les distances de séparations d et D tout en excitant les deux antennes. La figure 3.11 illustre la densité de courant magnétique au centre de la fente pour différentes distances de séparation. Cette dernière diminue dès que les distances d et D augmentent. Il est important de mentionner que pour la distance d_6 l'amplitude diminue mais elle ne s'annule pas. Cette variation résulte de l'effet du couplage double : interne et externe.

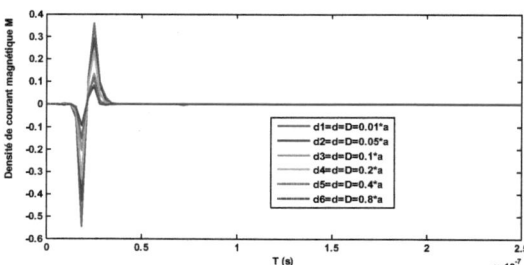

Figure 3.11: La variation de la densité de courant magnétique au centre de l'ouverture en fonction des distances de séparation d et D.

3.5.2.2. Effet de la variation de la taille de l'ouverture

La taille de l'ouverture est un paramètre très important dans l'étude du couplage. Pour étudier l'effet de ce paramètre sur la réponse transitoire de notre structure, nous procédons à fixer les distances de séparation d et D (voir tableau 3.1) et à varier la valeur de ls $\{l_{s_1} = l_s, l_{s_2} = 2*l_s, l_{s_3} = 4*l_s\}$ tout en considérant que les deux antennes sont excitées par deux perturbations transitoires.

La figure 3.12 montre que la densité de courant magnétique dépend significativement de la taille de l'ouverture. En effet, dans le cas d'une ouverture étroite, nous remarquons que l'amplitude du courant est presque nulle ; par conséquent une atténuation du couplage.

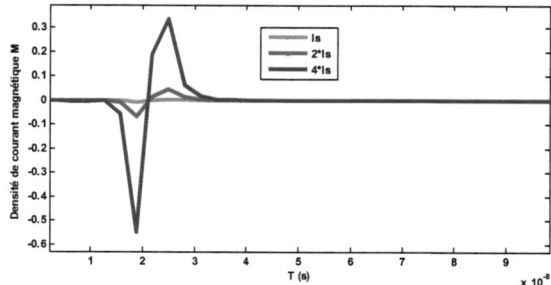

Figure 3.12: La densité de courant magnétique au centre de l'ouverture en fonction de l_s.

3.6. Conclusion

Ce chapitre a été consacré à la prédiction de la réponse transitoire d'un système composé d'une cavité rectangulaire enfermant une antenne et couplée à travers une ouverture à une deuxième antenne (localisée à l'extérieur de la cavité). Pour modéliser le couplage entre les différents composants de la structure, un système d'équations spatio-temporelles a été développé en se basant sur le principe d'équivalence et en appliquant les conditions aux limites adéquates. Ensuite, la TD-MoM avec la base temporelle dérivant des fonctions de Laguerre a été appliquée pour résoudre ce système d'équations. Afin de valider les résultats obtenus, l'approche temporelle de la MoM associée aux fonctions B-Spline a été développée.

Dans le chapitre suivant, nous allons montrer que la formulation basée sur les fonctions de Laguerre permet de mener des études paramétriques dans le but de fixer les paramètres capables de diminuer le couplage se produisant à travers les ouvertures et de résoudre des problèmes de cavité plus compliqués.

Chapitre 4
Application de la TD-MoM pour la résolution des problèmes de cavités complexes

4.1. Introduction

Dans ce chapitre, nous appliquons la formulation mathématique développée et validée dans le chapitre précédent pour fixer les paramètres agissant sur l'efficacité du blindage. En fait, nous étudions, en premier lieu, la réponse transitoire d'un système composé d'une cavité enfermant une antenne. Ce système est excité par une perturbation transitoire externe pénétrant à l'intérieur de la cavité à travers une ouverture percée dans l'une de ses parois. Ensuite, nous menons une étude paramétrique dans le but de déterminer les paramètres optimaux permettant de diminuer l'intensité du couplage entre la source externe et l'antenne réceptrice ou victime. Pour cela, nous varions la position et la longueur de l'antenne aussi celles de l'ouverture. Les différents résultats sont présentés en fonction du temps et de l'espace.

En deuxième lieu, nous traitons un problème plus compliqué, celui d'une cavité enfermant un nombre fini d'antennes arbitrairement localisées à l'intérieur de cette dernière et excitée par une onde électromagnétique transitoire. La réponse de ce système est déterminée en fonction des positions occupées par les antennes.

4.2. Etude du couplage à travers une ouverture entre un obstacle enfermé dans une cavité rectangulaire et une onde incidente transitoire externe

4.2.1. Formulation mathématique

Dans ce qui suit, nous nous intéressons à la modélisation du couplage à travers une ouverture entre une perturbation externe sous forme d'onde électromagnétique transitoire et un obstacle enfermé dans la cavité. La géométrie du problème est présentée dans la figure 4.1 (a).

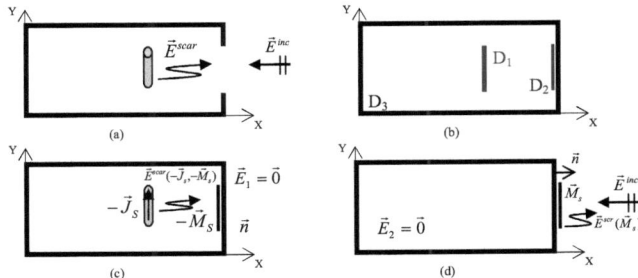

Figure 4.1: Le problème à analyser : (a) Problème initial ; (b) Les différents domaines ; (c) Le problème équivalent interne; (d) Le problème équivalent externe.

Afin de formuler mathématiquement ce problème, nous considérons les mêmes approximations appliquées dans le chapitre précédent. Ensuite, nous procédons à appliquer le principe d'équivalence. Par conséquent, deux problèmes équivalents remplaçant le problème initial, sont établis : Problème équivalent interne (figure 4.1 (c)) et problème équivalent externe (figure 4.1 (d)).

Ainsi, les champs diffractés sur les différents domaines équivalents, illustrés dans la figure 4.1 (b), (c) et (d), doivent satisfaire les conditions suivantes :

$$p\vec{M}_s = -\vec{n} \times \vec{E}^{total} \tag{4.1}$$

avec

Le problème équivalent externe:
$$\begin{cases} \vec{E}^{total} = \vec{E}^1 = \vec{E}^{diff}(\vec{M}_s) + \vec{E}^{inc} \\ \vec{E}^2 = \vec{0} \\ p = +1 \end{cases}$$

Le problème équivalent interne:
$$\begin{cases} \vec{E}^{total} = \vec{E}^2 = \vec{E}^{diff}(-\vec{M}_s) + \vec{E}^{diff}(\vec{J}_s) \\ \vec{E}^1 = \vec{0} \\ p = -1 \end{cases}$$

Notons que, $\vec{J}_s$ et $\vec{M}_s$ sont les densités de courant, électrique et magnétique, induites sur la surface de l'obstacle et sur l'ouverture.

Alors, en appliquant les conditions aux limites sur les domaines D_1, D_2 et D_3, nous obtenons le système (4.2).

$$\begin{cases} \vec{n} \times \vec{E}^1 = \vec{0} \Leftrightarrow \left[\vec{E}^{diff}(\vec{J}_s) + \vec{E}^{diff}(-\vec{M}_s)\right]_{\tan} = 0 \; sur \; D_1 \\ \vec{n} \times \vec{E}^1 = \vec{n} \times \vec{E}^2 \Leftrightarrow \left[\vec{E}^{inc} + \vec{E}^{diff}(\vec{M}_s)\right]_{\tan} = \left[\vec{E}^{diff}(\vec{J}_s) + \vec{E}^{diff}(-\vec{M}_s)\right]_{\tan} sur \; D_2 \\ \vec{n} \times \vec{E}^2 = \vec{0} \Leftrightarrow \left[\vec{E}^{diff}(\vec{J}_s) + \vec{E}^{diff}(-\vec{M}_s)\right]_{\tan} = 0 \; sur \; D_3 \end{cases} \quad (4.2)$$

En se basant sur les expressions des potentiels, scalaire et vecteur électrique et magnétique ainsi que les expressions des champs diffractés $\vec{E}^{diff}(\vec{J}_s)$ et $\vec{E}^{diff}(\vec{M}_s)$, nous établissons le système d'équations intégrales en champ électrique (TD-EFIE) (4.3). Ce système illustre le couplage entre les différentes sources. Les distances d'interaction R_{ij} entre les points d'observation et source, sont présentées sur la figure (3.2).

$$\begin{cases} \left[-\dfrac{\mu}{4\pi} \dfrac{\partial}{\partial t} \iint_{D_1} \dfrac{\vec{J}_s(x',y',t-R_{11}/c)}{R_{11}(x,y,x',y')} ds' - \dfrac{1}{4\pi\varepsilon} \iint_{D_1} \dfrac{\nabla\varphi(x',y',t-R_{11}/c)}{R_{11}(x,y,x',y')} - \dfrac{1}{4\pi} \nabla \times \iint_{D_2} \dfrac{\vec{M}_s(x',y',t-R_{12}/c)}{R_{12}(x,y,x',y')} ds' \right] = \vec{0} \; sur \; D_1 \\ \left[-\dfrac{\mu}{4\pi} \dfrac{\partial}{\partial t} \iint_{D_1} \dfrac{\vec{J}_s(x',y',t-R_{21}/c)}{R_{21}(x,y,x',y')} ds' - \dfrac{1}{4\pi\varepsilon} \iint_{D_1} \dfrac{\nabla\varphi(x',y',t-R_{21}/c)}{R_{21}(x,y,x',y')} - \dfrac{2}{4\pi} \nabla \times \iint_{D_2} \dfrac{\vec{M}_s(x',y',t-R_{22}/c)}{R_{22}(x,y,x',y')} ds' \right] = E^{inc}(x,y,t)_{\tan} sur \; D_2 \\ \left[-\dfrac{\mu}{4\pi} \dfrac{\partial}{\partial t} \iint_{D_1} \dfrac{\vec{J}_s(x',y',t-R_{31}/c)}{R_{31}(x,y,x',y')} ds' - \dfrac{1}{4\pi\varepsilon} \iint_{D_1} \dfrac{\nabla\varphi(x',y',t-R_{31}/c)}{R_{31}(x,y,x',y')} - \dfrac{1}{4\pi} \nabla \times \iint_{D_2} \dfrac{\vec{M}_s(x',y',t-R_{32}/c)}{R_{32}(x,y,x',y')} ds' \right] = \vec{0} \; sur \; D_3 \end{cases} \quad (4.3)$$

Pour résoudre le système d'équations spatio-temporelles établi, nous appliquons l'approche TD-MoM associée aux fonctions de Laguerre dont les procédures spatiale et temporelle sont décrites dans la section 3.4. Par conséquent, nous obtenons le système suivant :

$$\begin{cases} \sum_{n=1}^{N_w} A_{mn}^{11} g_{n,b} + \sum_{n=1}^{N_s} B_{mn}^{21} l_{n,b} = T_{m,b}^1 \\ \sum_{n=1}^{N_w} A_{mn}^{12} g_{n,b} + \sum_{n=1}^{N_s} B_{mn}^{22} l_{n,b} = E_{m,b}^{inc} + T_{m,b}^2 \\ \sum_{n=1}^{N_w} A_{mn}^{13} g_{n,b} + \sum_{n=1}^{N_s} B_{mn}^{23} l_{n,b} = T_{m,b}^3 \end{cases} \quad (4.4)$$

Notons que $\{\vec{g}, \vec{l}\}$ sont les sources issues du vecteur de Hertz (voir équations (3.20) et (3.21)) et qui remplacent les sources $\{\vec{J}_s, \vec{M}_s\}$. Les matrices spatiales A^{ij} et B^{ij} ainsi que les termes retard T_b^j sont présentés dans l'annexe A. Finalement, nous réécrivons le système (4.4) sous la forme matricielle suivante:

$$\begin{bmatrix} A^{11} & B^{21} \\ A^{12} & B^{22} \\ A^{13} & B^{23} \end{bmatrix} \begin{bmatrix} g_b \\ l_b \end{bmatrix} = \begin{bmatrix} T_b^1 \\ -E_b^{inc} + T_b^2 \\ T_b^3 \end{bmatrix} \quad (4.5)$$

Ce système est résolu par inversion de la matrice spatiale pour chaque ordre b de fonction Laguerre. Les inconnus du problème $\{\vec{J}_s, \vec{M}_s\}$ sont calculés en se basant sur les relations suivantes :

$$\begin{cases} J_n(t) = \dfrac{d}{dt} g_n(t) = s \sum_{a=0}^{A} \left[\dfrac{1}{2} g_{n,a} + \sum_{k=0}^{a-1} g_{n,k} \right] \varphi_a(st) \\ \vec{J}_s(x,y,t) = \sum_{n=1}^{N_w} J_n(t) \vec{f}_n(x,y) \end{cases} \quad (4.6)$$

$$\begin{cases} M_n(t) = \dfrac{d}{dt} l_n(t) = s \sum_{a=0}^{A} \left[\dfrac{1}{2} l_{n,a} + \sum_{k=0}^{a-1} l_{n,k} \right] \varphi_a(st) \\ \vec{M}_s(x,y,t) = \sum_{n=1}^{N_s} M_n(t) \vec{h}_n(x,y) \end{cases} \quad (4.7)$$

A étant le nombre maximal des fonctions de Laguerre et $\{\vec{f}_n, \vec{h}_n\}$ sont les bases spatiales (voir section 3.4.1).

4.2.2. Etude paramétrique

Dans cette section, nous déterminons la réponse transitoire d'un système se composant d'une cavité rectangulaire avec une ouverture et enfermant un obstacle, comme illustré dans la figure 4.2. La réponse transitoire est décrite en variant plusieurs paramètres: la longueur et la position de l'ouverture ainsi que la longueur et la position de l'obstacle. La cavité est excitée par une perturbation externe sous forme d'une onde incidente, invariante dans l'espace, définie par :

$$E^{inc}(t) = \begin{cases} 1, & 10^{-9} s \le t \le 10^{-8} s \\ 0, & \sin on \end{cases} \quad (4.8)$$

Pour appliquer la MoM dans le domaine spatial, nous divisons les parois de la cavité en $N_{c-x} \times N_{c-y} = 200 \times 200$ sous-domaines égaux de longueur $\Delta_x \times \Delta_y = \dfrac{a}{N_{c-x}} \times \dfrac{b}{N_{c-y}}$. Les axes de l'antenne et l'ouverture sont, également, divisés en $N_w \approx \dfrac{l_w}{\Delta_y}$ et $N_s \approx \dfrac{l_s}{\Delta_y}$ sous-domaines.

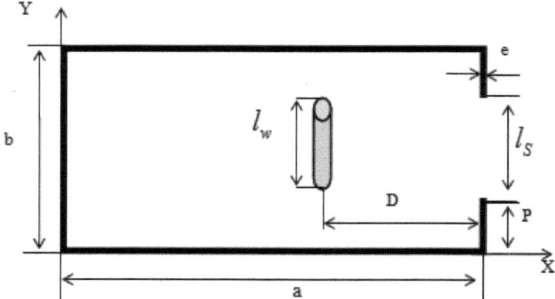

Figure 4.2: Les paramètres du système à modéliser : a=2*b mm, b=109.3 mm, D=43.7 mm ; P=32.8 mm, $l_w=l_s=39.5$ mm et $e=10^{-5}$ mm (e est l'épaisseur de l'antenne et des parois de la cavité).

4.2.2.1. Blindage électromagnétique

La structure que nous considérons présente un exemple de blindage. En effet, pour protéger l'antenne nous la plaçons dans une cavité avec fente. Pour étudier l'efficacité de ce blindage électromagnétique, nous procédons comme suit :

a) Dans un premier lieu, nous considérons une antenne mince (figure 2.2) dans l'espace libre excitée par une onde incidente (équation (4.8)). La distribution spatiale du courant transitoire induit sur la surface de cette antenne est illustrée dans la figure 4.3 (a) à l'instant $t = 1.3 \cdot 10^{-9}$ s. La figure 4.3 (b) présente la réponse transitoire au centre de l'antenne. Ces résultats sont obtenus par application de la formulation développée dans la section 2.3.

b) Dans un deuxième lieu, l'antenne est enfermée dans une cavité rectangulaire (figure 4.2) et excitée par la même source. Notons que l'onde incidente pénètre à l'intérieur de la cavité grâce à une ouverture percée sur l'une de ses parois. Les figures 4.4 (a) et (b) montrent les réponses spatiale et temporelle de l'antenne. La distribution spatiale de l'antenne (Figure 4.4 (a)) est la même que celle présentée dans [52].

En comparant ces résultats, nous remarquons que les allures et les amplitudes diffèrent quoi qu'il s'agisse de la même excitation et la même antenne. Cette différence est due au blindage effectué par la cavité. En effet, dans l'espace libre, l'amplitude maximale du courant transitoire est autour de 3.3 mA. Cette amplitude décroît jusqu'à 1.5 µA à l'intérieur de la cavité. Par conséquent, le blindage a réduit l'intensité de courant et a protégé l'antenne contre les agressions externes.

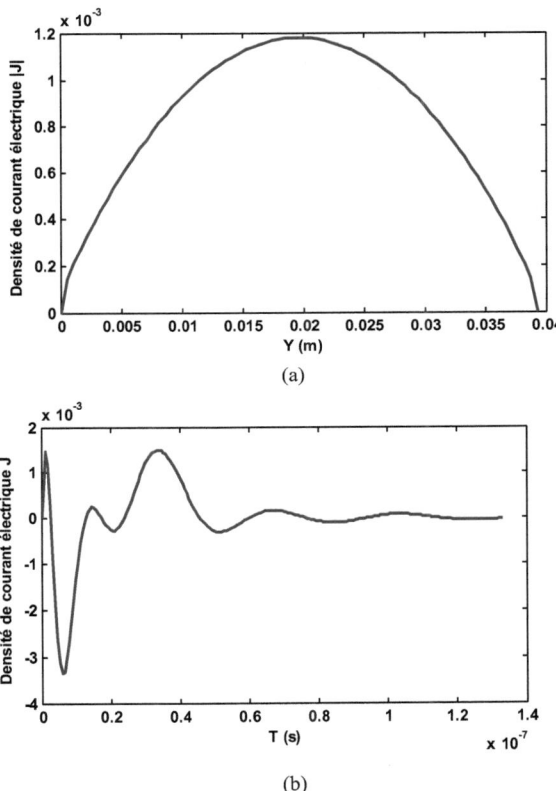

Figure 4.3: La réponse transitoire de l'antenne mince localisée dans l'espace libre : (a) Distribution spatiale de la densité de courant électrique à t = 1.3. 10^{-9} s; (b) Réponse temporelle au centre de l'antenne.

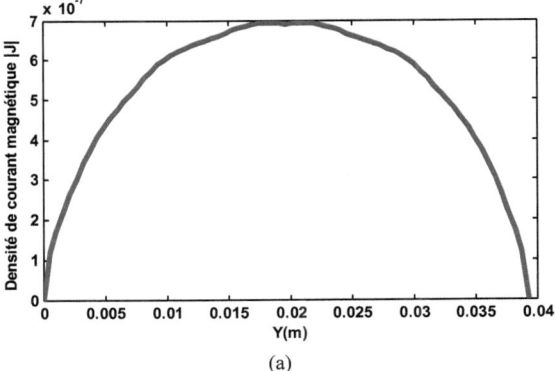

(a)

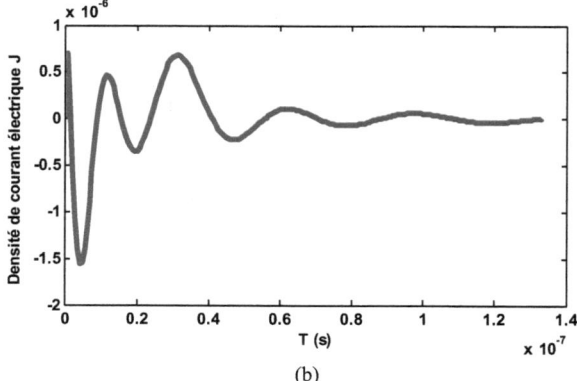

(b)

Figure 4.4: La réponse transitoire de l'antenne mince enfermée dans la cavité : (a) Distribution spatiale de la densité de courant électrique à t = 1.3*10^{-9} s; (b) Réponse temporelle au centre de l'antenne.

Dans ce qui suit, l'antenne est enfermée dans la cavité et excitée par la source décrite par (4.8). Les grandeurs calculées et présentées dans les courbes sont normalisées.

4.2.2.2. Variation de la taille de l'ouverture

La réponse transitoire de l'antenne est déterminée pour trois longueurs différentes de l'ouverture; tout en fixant la distance de séparation D, les dimensions de la cavité, la longueur de l'antenne et la position de l'ouverture (voir la figure 4.5).

D'après les figures 4.6 et 4.7 (b), les amplitudes des densités des courants magnétique et électrique, respectivement, aux centres de l'ouverture et l'antenne sont plus importantes si la longueur de l'ouverture augmente. Or, l'ouverture est modélisée par une source qui rayonne à l'intérieur de la cavité, par conséquent les dimensions de cette source ont un impact sur la réponse de l'antenne. Cet impact est illustré dans la figure 4.7 (b) où la courbe en bleu montre une diminution de l'amplitude du courant et par conséquent une réduction du couplage. Nous concluons ainsi que pour augmenter l'efficacité du blindage, l'ouverture doit être la plus petite possible.

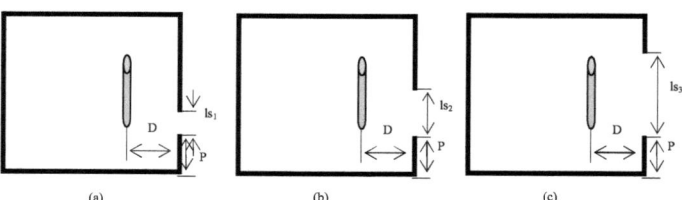

Figure 4.5: Les différentes longueurs de la fente : (a) ls_1=0.25*ls; (b) ls_2=0.5*ls; (c) ls_3=ls.

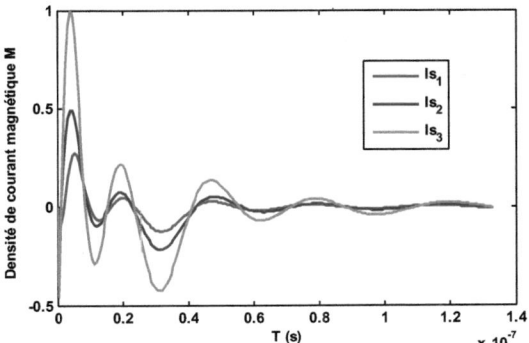

Figure 4.6: La densité de courant magnétique au centre de l'ouverture pour différentes longueurs de l'ouverture.

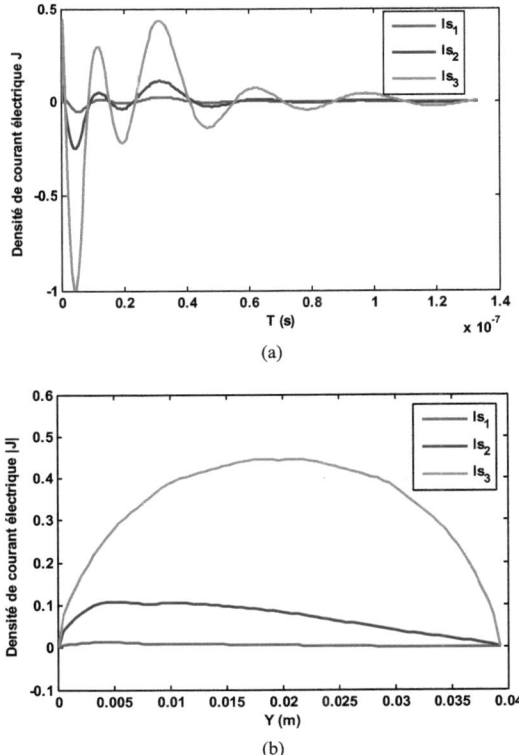

(a)

(b)

Figure 4.7: La réponse transitoire de l'antenne pour différentes longueurs de l'ouverture: (a) La densité de courant électrique au centre de l'antenne; (b) La distribution spatiale de la densité de courant à $t = 1.3 \times 10^{-9}$ s.

4.2.2.3. Variation de la position de l'ouverture

La position de l'ouverture, présentée par P dans la figure (4.2), est un paramètre important dans l'étude du phénomène transitoire induit à l'intérieur de la cavité. En effet, le choix d'une position optimale peut augmenter l'efficacité du blindage et donc augmenter l'immunité de l'antenne. En fait, tout déplacement de l'ouverture provoque une variation au niveau de l'amplitude des courants, électrique et magnétique aussi une modification de la durée du phénomène transitoire. Afin d'illustrer cette variation, nous considérons trois positions différentes P_1, P_2 et P_3 dont l'ouverture est percée : en bas P_1, au milieu P_2 et en haut P_3 de la paroi de la cavité, tout en fixant les paramètres l_s, l_w et D (figure 4.2).

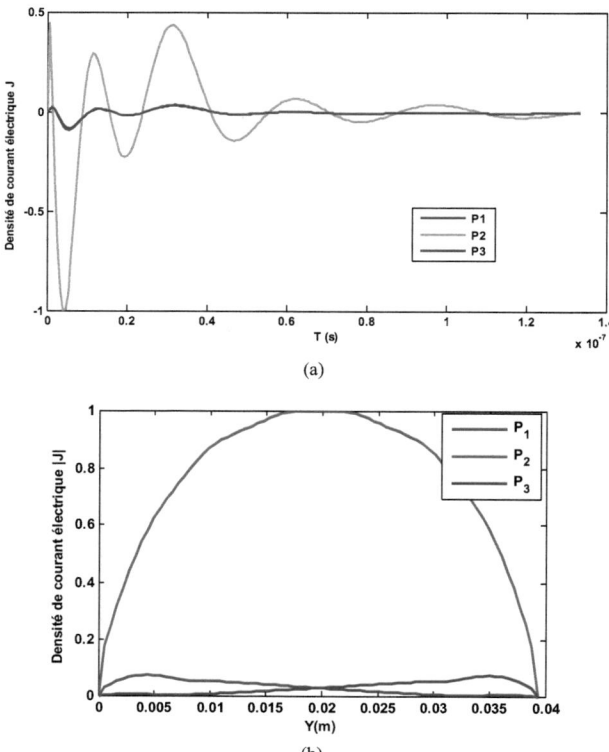

Figure 4.8: La réponse transitoire de l'antenne en fonction de la position de l'ouverture (P_1=10.9 mm, les coordonnées du centre de l'ouverture (218.5 mm, 30.7 mm)), (P_2=32.8 mm, les coordonnées du centre de l'ouverture (218.5 mm, 52.5 mm)) et (P_3=54.6 mm, les coordonnées du centre de l'ouverture (218.5mm, 74.4 mm)): (a) La densité de courant électrique au centre de l'antenne; (b) La distribution spatiale du courant à $t = 1.3*10^{-9}$s.

La densité de courant électrique induit sur la surface de l'antenne est illustrée en fonction du temps (figure 4.8 (a)) et de l'espace (figure 4.8 (b)). Ainsi, nous remarquons que l'amplitude augmente dans le cas où la fente est localisée au centre P_2. Cette variation est bien illustrée dans l'espace (nous observons presque la même allure pour les deux positions P_1 et P_3).

4.2.2.4. Variation de la distance de séparation D

Afin d'étudier le couplage entre l'antenne et l'ouverture (source de courant magnétique) et de mettre en évidence l'effet de la distance D nommée aussi distance de sécurité ou de risque sur le comportement du système, nous considérons cinq distances : $D_1 = 0.01 \times a$, $D_2 = 0.1 \times a$, $D_3 = 0.5 \times a$, $D_4 = 0.7 \times a$ et $D_5 = 0.9 \times a$.

La réponse transitoire du système est présentée dans les figures 4.9 et 4.10 qui illustrent la densité de courant électrique au centre de l'antenne et la densité de courant magnétique au centre de l'ouverture.

Physiquement, il est évident que la quantité d'énergie reçue par l'antenne est inversement proportionnelle à la distance D. Ceci est bien illustré dans la figure 4.10 (b) où nous observons que le couplage entre les deux sources (courant induit sur l'antenne et le courant magnétique au niveau de l'ouverture) est atténué en augmentant D. Ce résultat est illustré dans la figure 4.9 où l'amplitude du courant magnétique varie à cause du couplage entre les deux sources aussi nous notons une variation au niveau de la durée du phénomène transitoire. En effet, le phénomène permanent est rapidement établi si D augmente.

Mathématiquement, la dépendance entre les amplitudes des densités de courant (électrique et magnétique) et la distance de séparation est due aux matrices de couplage A^{12} et B^{21}. En fait, les normes des matrices $\|A^{12}\|_2$ et $\|B^{21}\|_2$ diminuent en augmentant cette distance (voir annexe A).

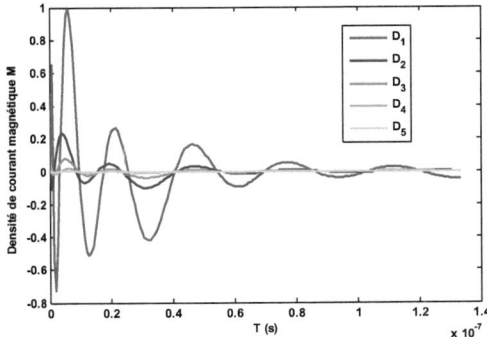

Figure 4.9: La densité de courant magnétique au centre de l'ouverture pour différentes distances de séparation D.

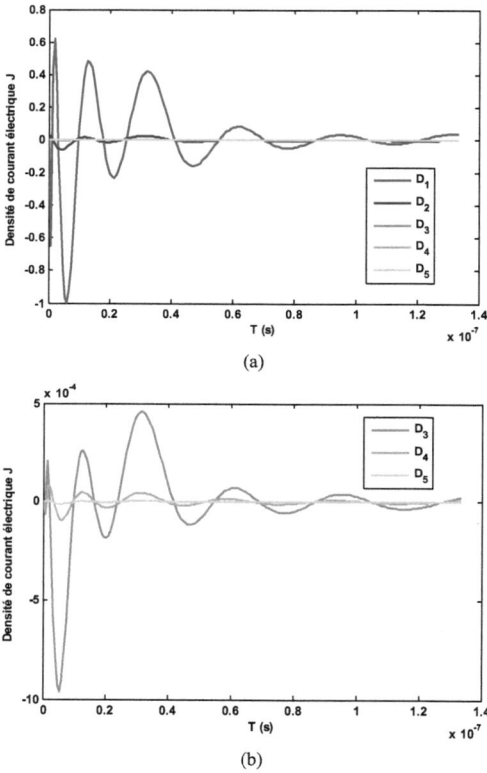

Figure 4.10: La densité de courant électrique au centre de l'antenne: (a) Pour les distances de séparation D_1, D_2, D_3, D_4, D_5; (b) Pour les distances D_3, D_4 et D_5 (un zoom).

4.2.2.5. Variation de la longueur de l'antenne

Afin d'évaluer l'impact de la longueur de l'antenne sur la réponse transitoire du système, nous considérons les longueurs suivantes: $l_{w1}=l_w/4$, $l_{w2}=l_w/2$, $l_{w3}=l_w$ et $l_{w4}=2*l_w$. Les valeurs de la distance de séparation D et les positions de l'antenne et de l'ouverture sont présentées dans la figure 4.2.

Ainsi, la variation spatiale de la densité de courant induit sur la surface de l'antenne est illustrée dans figure 4.11 où l'allure du courant varie en fonction de la longueur l_w. Il est observé de la figure 4.12 que la réponse temporelle du système dépend étroitement de la longueur de l'antenne aussi la durée du phénomène transitoire (Figure 4.12 (b)).

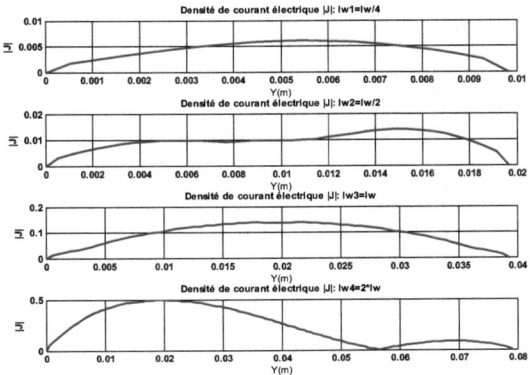

Figure 4.11: La distribution spatiale du courant à l'instant t = 1.3* 10^{-9} s en fonction de l$_w$.

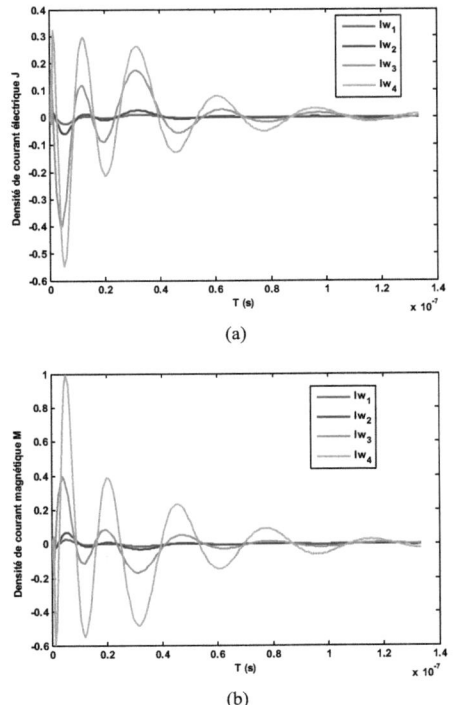

Figure 4.12: La réponse transitoire du système : (a) La densité de courant électrique au centre de l'antenne; (b) La densité de courant magnétique au centre de l'ouverture.

80

4.2.2.6. Conclusions

Comme l'un des objectifs de la CEM est la minimisation de la susceptibilité d'un dispositif électronique face aux perturbations électromagnétiques, la solution classique consiste à utiliser les cavités métalliques « le blindage ». Cependant, ce blindage possède en pratique des défauts tels que les ouvertures trouées pour aération ou câblages etc.

Dans cette section, nous désirons protéger une antenne vis-à-vis d'un rayonnement perturbateur en la plaçant à l'intérieur d'une cavité afin d'atténuer le champ perturbateur. Sur une des parois de cette cavité est trouée une ouverture. Dans l'étude paramétrique que nous avons menée, nous nous sommes penchés sur la prédiction de la réponse transitoire de cette antenne lorsqu'elle est soumise à une perturbation transitoire sous forme d'une onde transitoire pénétrant à l'intérieur de la cavité à travers une fente. Le but de notre étude est de fixer les paramètres permettant de diminuer le couplage entre la source et l'antenne.

En effet, la réduction du champ magnétique dans un blindage dépend de l'établissement des courants induits ; c'est pourquoi nous avons calculé la réponse transitoire en matière de densité de courant électrique au niveau de l'antenne et magnétique au niveau de la fente.

Pour commencer, nous avons comparé la réponse d'une antenne rayonnante dans l'espace libre, et excitée par une perturbation transitoire avec celle d'une antenne enfermée dans une cavité et excitée à travers une fente par la même onde incidente. Une réduction significative de l'amplitude du courant transitoire est obtenue (de 3.3 mA à 1.5 µA) ; ce qui confirme l'efficacité du blindage.

En revanche, enfermer cette antenne dans une cavité peut diminuer l'intensité de courant transitoire mais est ce que nous pouvons réduire encore cette valeur ? est ce que nous pouvons réduire la durée de la réponse transitoire ?
A l'issue de notre étude paramétrique, nous prouvons que la valeur du courant (1.5 µA) peut encore diminuer tout en variant la position et la longueur de la fente aussi la localisation de l'antenne à l'intérieur de la cavité. Ainsi, pour mener notre étude, nous avons procédé à varier:

- La position de l'ouverture : nous prouvons que la valeur du courant peut encore diminuer tout en décalant l'ouverture du centre (éviter que l'ouverture soit symétrique à l'antenne). Ainsi, en localisant cette dernière à l'extrémité (haute ou basse) de la cavité, nous avons détecté une réduction de l'intensité du courant et de la durée de la réponse transitoire.
- Localisation de l'antenne : tout en variant la distance qui sépare l'antenne et l'ouverture (distance de sécurité), la réponse de l'antenne varie. Cette dernière est presque nulle si l'antenne est éloignée de la source (d_4) de même la durée de la réponse transitoire est aussi réduite.
- La taille de l'ouverture: pour réduire le couplage entre l'onde incidente et l'intérieur de la cavité (zone immunisée), nous avons prouvé que l'ouverture doit avoir la plus petite dimension possible.

Par conséquent, cette étude permet d'évaluer le blindage dès la phase amont, avant de réaliser le système. En effet, l'évaluation du blindage consiste à prédire le niveau de susceptibilité du système face aux parasites externes en fonction des paramètres permettant d'améliorer l'immunité de ce dernier.

4.3. La réponse transitoire d'une cavité enfermant K antennes et excitée par une perturbation transitoire externe

Comme nous assistons à une augmentation croissante de la complexité des équipements électroniques, il devient difficile d'avoir une idée sur leur niveau de susceptibilité à des pertes externes. Dans cette section, nous procédons à appliquer la TD-MoM pour étudier l'efficacité du blindage dans le cas où la cavité enferme plusieurs antennes de différentes longueurs et arbitrairement localisées à l'intérieur de la cavité.

4.3.1. Système d'équations intégrales

Nous considérons un système composé de K antennes enfermées dans une cavité rectangulaire. Ce système est excité par une onde incidente transitoire (4.8). Celle-ci pénètre à l'intérieur de la cavité à travers une ouverture percée sur l'une de ses parois.

A l'intérieur de la cavité, cette onde diffractée par les K antennes induit des courants transitoires sur leurs surfaces. Le couplage entre les composants du système influe sur la réponse transitoire de ce dernier. L'objectif de notre étude est de déterminer les différents courants induits sur les surfaces des antennes et au niveau de la fente.

Pour commencer, le principe d'équivalence est appliqué pour simplifier la modélisation de la structure. Ainsi, deux problèmes équivalents sont établis : un problème interne et un problème externe. Par conséquent, nous obtenons des domaines équivalents: $\{\Omega_i\}_{i=1..K}$ représentent les surfaces des antennes, Ω_a est le domaine de l'ouverture et Ω_s est la surface équivalente qui remplace les parois de la cavité. Comme les différentes surfaces (ou domaines $\{\Omega_s\} \cup \{\Omega_i\}_{i=1..K}$) sont parfaitement conductrices, nous imposons les conditions aux limites adéquates sur ses différentes surfaces. Nous obtenons ainsi le système (4.9).

$$\begin{cases} \vec{E}_{11}^{diff}(-\vec{J}_1) + .. + \vec{E}_{1K}^{diff}(-\vec{J}_K) + \vec{E}_1^{diff}(-\vec{M}_s) = \vec{0} \ sur \ \Omega_1 \\ \vec{E}_{21}^{diff}(-\vec{J}_1) + .. + \vec{E}_{2K}^{diff}(-\vec{J}_K) + \vec{E}_2^{diff}(-\vec{M}_s) = \vec{0} \ sur \ \Omega_2 \\ ... \\ \vec{E}_{K1}^{diff}(-\vec{J}_1) + .. + \vec{E}_{KK}^{diff}(-\vec{J}_K) + \vec{E}_K^{diff}(-\vec{M}_s) = \vec{0} \ sur \ \Omega_K \\ \vec{E}_1^{diff}(-\vec{J}_1) + .. + \vec{E}_K^{diff}(-\vec{J}_K) + \vec{E}^{diff}(-\vec{M}_s) \\ \qquad = \vec{E}^{inc} + \vec{E}^{scat}(\vec{M}_s) \ sur \ \Omega_a \\ \vec{E}_1^{diff}(-\vec{J}_1) + .. + \vec{E}_K^{diff}(\vec{J}_K) + \vec{E}^{diff}(-\vec{M}_s) = \vec{0} \ sur \ \Omega_s \end{cases} \quad (4.9)$$

Avec $\{\vec{J}_i\}_{i=1,2,...K}$ est le courant induit sur l'antenne $\{i\}_{i=1,2,...K}$. $\vec{M}_s$ est la densité de courant magnétique induit sur l'ouverture, $\vec{E}_{ij}^{diff}(\vec{J}_j)$ et $\vec{E}_{ij}^{diff}(\vec{M}_s)$ sont les champs électriques diffractés sur les domaines $\{\Omega_s\} \cup \{\Omega_i\}_{i=1..K}$ et rayonnés par les sources $\{\vec{J}_i\}_{i=1,2,...K}$ et $\vec{M}_s$. Ils sont définis par :

$$\vec{E}_{ij}^{diff}(\vec{J}_j) = -\frac{\partial}{\partial t}\vec{A}_j - \nabla\varphi_j, \ \vec{E}_{ij}^{diff}(\vec{M}_s) = -\frac{1}{\varepsilon}\nabla \times \vec{F} \tag{4.10}$$

Les densités de courant électrique $\vec{J}_j$ et magnétique $\vec{M}_s$ sont exprimées en fonction du vecteur de Hertz, comme suit :

$$\begin{cases} \vec{J}_j(x,y,t) = \dfrac{d}{dt}\vec{g}_j(x,y,t) \\ \varphi_j(x,y,t) = -\nabla \cdot \vec{g}_j(x,y,t) \end{cases}_{j=1,2,\ldots,K} , \quad \begin{cases} \vec{M}_s(x,y,t) = \dfrac{d}{dt}\vec{l}(x,y,t) \\ \varphi(x,y,t) = -\nabla \cdot \vec{l}(x,y,t) \end{cases} \tag{4.11}$$

En remplaçant (4.10), (4.11) dans le système (4.9) et en utilisant les expressions des potentiels vecteur et scalaire (3.8) et (3.9), nous établissons un système d'équations intégrales en champ électrique dont (4.12) présente la $i^{\text{ème}}$ équation.

$$\vec{n} \times \left\{ \sum_{j=1}^{K} \left[\begin{array}{l} -\dfrac{\mu}{4\pi}\iint_{\Omega_j}\dfrac{1}{R_{ij}(x,y,x',y')}\dfrac{d^2}{dt^2}\vec{\zeta}_j(x',y',t-R_{ij}/c)ds' \\ -\dfrac{1}{4\pi\varepsilon}\nabla\iint_{\Omega_j}\dfrac{-\nabla\vec{\zeta}_j(x',y',t-R_{ij}/c)}{R_{ij}(x,y,x',y')}ds' \\ +\left[\dfrac{1}{4\pi}\nabla\times\iint_{\Omega_s}\dfrac{1}{R(x,y,x',y')}\dfrac{d}{dt}\vec{v}(x',y',t-R/c)ds'\right] \end{array} \right] \right\} =$$

$$\vec{n} \times \left\{ P \cdot \left[\begin{array}{l} E^{inc}(x,y,t) \\ +\left[-\dfrac{1}{4\pi}\nabla\times\iint_{\Omega_s}\dfrac{1}{R(x,y,x',y')}\dfrac{d}{dt}\vec{v}(x',y',t-R/c)ds'\right] \end{array} \right] \right\} \tag{4.12}$$

où $\{P=2, (x,y) \in \Omega_a\}$ et $\{P=1, (x,y) \in \{\{\Omega_i, i=1,..,K\} \cup \Omega_s\}\}$

Le système d'équations intégrales ainsi obtenu est résolu par application de la TD-MoM dont les fonctions de Laguerre sont utilisées comme base temporelle. Les différentes procédures sont décrites dans le chapitre précédent (section 3.4.2.1). Par conséquent, nous obtenons le système matriciel (4.13) qui est résolu pour chaque ordre b de la fonction de Laguerre:

$$\begin{bmatrix} A^{11} & .. & A^{1K} & B^1 \\ .. & .. & .. & .. \\ A^{1K} & .. & A^{KK} & B^K \\ C^1 & .. & C^K & H \\ D^1 & .. & D^K & G \end{bmatrix} \begin{bmatrix} \zeta_1 \\ .. \\ \zeta_K \\ \upsilon \end{bmatrix}^b = \begin{bmatrix} T^1 \\ .. \\ T^K \\ E^{inc}+T \\ T'' \end{bmatrix}^b \Leftrightarrow AX^b = \mathbf{B}^b \tag{4.13}$$

avec

$$\begin{cases} A_{mn}^{ij} = \left(-s^2 \frac{\mu a_{mn}^{ij}}{4} + \frac{b_{mn}^{ij}}{\varepsilon}\right) I_{bb}\left(s\left(R_{mn}^{ij}/c\right)\right), \{(x,y) \, et \, (x',y')\} \in \Omega_{j,\{j=1..K\}} \\ C_{mn}^i = A_{mn}^{ij}, (x,y) \in \Omega_a \, et \, (x',y') \in \Omega_{j,\{j=1..K\}} \\ D_{mn}^i = A_{mn}^{ij}, (x,y) \in \Omega_s \, et \, (x',y') \in \Omega_{j,\{j=1..K\}} \\ B_{mn}^j = -\frac{sc_{mn}^{ij}}{2} I_{bb}\left(s\left(R_{mn}^{ij}/c\right)\right), (x,y) \in \Omega_{j,\{j=1..K\}} \, et \, (x',y') \in \Omega_a \\ H_{mn} = B_{mn}^j, \{(x,y) \, et \, (x',y')\} \in \Omega_a \\ G_{mn} = B_{mn}^j, (x,y) \in \Omega_s \, et \, (x',y') \in \Omega_a \end{cases}$$ (4.14)

Les termes retard sont exprimés par :

$$\psi_{m,b} = -\begin{bmatrix} \sum_{j=1}^{K} \left\{ \sum_{n=1}^{N_j} \begin{bmatrix} -s^2 \mu a_{mn}^{ij} \sum_{k=0}^{b-1} (b-k) \zeta_{n,k}^j I_{bb}\left(s\left(R_{mn}^{ij}/c\right)\right) \\ -s^2 \mu a_{mn}^{ij} \left[\frac{1}{4} \zeta_{n,a}^j + \sum_{k=0}^{a-1} (a-k) \zeta_{n,k}^j\right] I_{ab}\left(s\left(R_{mn}/c\right)\right) \\ + \frac{b_{mn}^{ij}}{\varepsilon} \sum_{a=0}^{b-1} \zeta_{n,a}^j I_{ab}\left(s\left(R_{mn}^{ij}/c\right)\right) \end{bmatrix} \right\} \\ + \left\{ p \sum_{n=1}^{N_s} -sc_{mn}^i \sum_{k=0}^{b-1} \upsilon_{n,k} I_{bb}\left(s\left(R_{mn}^{ij}/c\right)\right) \\ p \sum_{n=1}^{N_s} -sc_{mn}^i \sum_{a=0}^{b-1} \left[\frac{1}{2} \upsilon_{n,a} + \sum_{k=0}^{a-1} \upsilon_{n,k}\right] I_{ab}\left(s\left(R_{mn}^{ij}/c\right)\right) \right\} \end{bmatrix}$$ (4.15)

où

$$\begin{cases} T^k = \psi_{m,b}, si \, \{(x,y) \in \Omega_{k=\{1..K\}}, (x',y') \in \{\Omega_{k=\{1..K\}} \cup \Omega_a\}\} et \, p=1 \\ T' = \psi_{m,b}, si \, \{(x,y) \in \Omega_a, (x',y') \in \{\Omega_{k=\{1..K\}} \cup \Omega_a\}\} et \, p=2 \\ T'' = \psi_{m,b}, si \, \{(x,y) \in \Omega_s \, et \, (x',y') \in \{\Omega_{k=\{1..K\}} \cup \Omega_a\}\} et \, p=1 \end{cases}$$ (4.16)

4.3.2. Résultats de simulation

Dans ce présent paragraphe, nous appliquons notre formulation pour étudier la réponse transitoire d'une cavité enfermant trois antennes (Figure 4.13). Nous utilisons les mêmes paramètres définis dans la section précédente (section 4.2.2) aussi la même source décrite par l'équation (4.8). Les positions et les dimensions des antennes sont présentées dans le tableau 4.1.

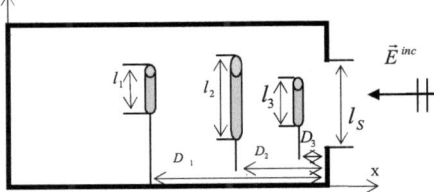

Figure 4.13: Le problème à analyser : Paramètres de la structure.

Les distributions spatiales des courants $\{\vec{J}^1, \vec{J}^2, \vec{J}^3\}$ mesurées à l'instant t = 1.3* 10^{-9} s sont illustrées dans la figure 4.15. Les réponses temporelles des trois antennes sont présentées dans la figure 4.14 (a). En se basant sur ces deux figures, nous remarquons que les amplitudes des antennes diffèrent ainsi que la durée de leurs réponses transitoires ; en fait si nous considérons la réponse de l'antenne qui occupe la position la plus éloignée de l'ouverture (antenne 1), nous observons que le phénomène permanent a été rapidement établi aussi le courant induit sur la surface de cette antenne est presque nul.

Tableau 4.1: Les dimensions et les positions des antennes.

	x	*y*	*longueur (m)*
Antenne 1	0.0983	0.0541	l1= 0.0197
Antenne 2	0.1967	0.0322	l2= 0.0393
Antenne 3	0.2076	0.0432	l3= 0.0197

Au centre de la fente, nous mesurons la densité de courant magnétique et nous comparons ce résultat avec celui obtenu dans la section précédente là où la cavité enferme une seule antenne (figure 4.16) ; nous remarquons, ainsi, une réduction significative au niveau de l'amplitude dans le cas des trois antennes aussi le régime permanent est rapidement établi. Par conséquent, le couplage dépend du nombre d'obstacles enfermés dans la cavité.

Pour mieux visualiser l'effet du couplage entre les antennes et la source perturbatrice, nous considérons trois localisations (positions) occupées par les antennes (Tableau 4.2); les résultats obtenus sont illustrés dans les figures 4.17 et 4.18. Ainsi, en se basant sur ces résultats, nous déduisons que les positions occupées par les antennes ne modifient pas l'amplitude et la durée du phénomène transitoire induit au niveau de l'ouverture. Par contre, le nombre d'obstacles enfermés dans la cavité influe sur ces derniers paramètres.

Tableau 4.2: Les positions des antennes.

	Distances de séparation (m)		
	D1	*D2*	*D3*
Position P1	0.1202	0.0218	0.0109
Position P2	0.1457	0.0728	0.0218
Position P3	0.1821	0.1457	0.0728

Toutefois, les positions occupées par les antennes agissent significativement sur la réponse transitoire de chaque antenne. Alors, il est important de bien choisir les localisations de ces dernières afin de réduire leurs couplages d'une part et d'autre part augmenter leurs susceptibilités face aux parasites externes.

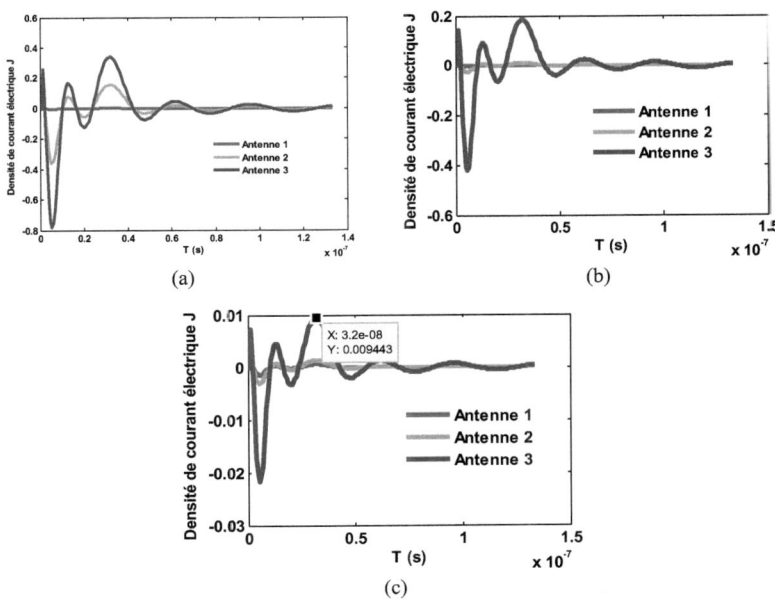

Figure 4.14: Les réponses transitoires aux centres des trois antennes pour différentes distances de séparation : (a) Position 1 ; (b) Position 2 ; (c) Position 3.

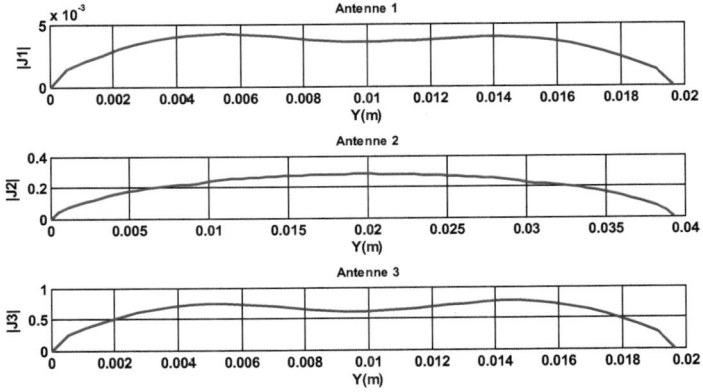

Figure 4.15: La distribution spatiale de chaque antenne à l'instant $t = 1.3 * 10^{-9}$ s.

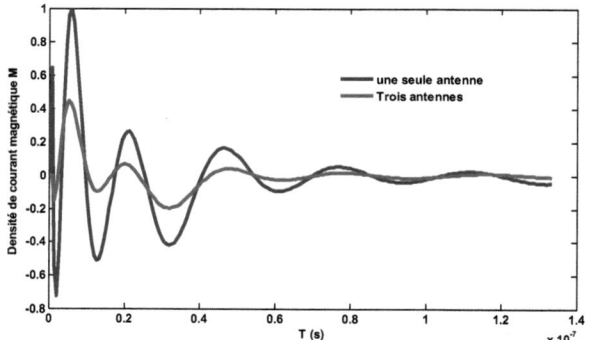

Figure 4.16: La densité de courant magnétique au centre de l'ouverture.

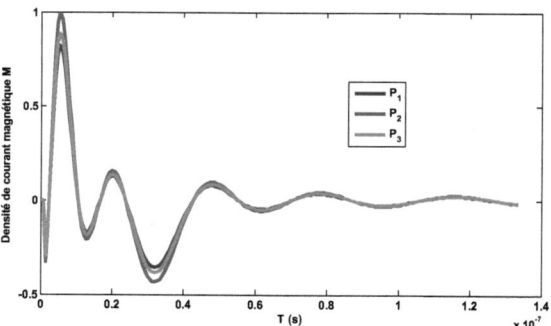

Figure 4.17: La densité de courant magnétique au centre de l'ouverture pour différentes positions.

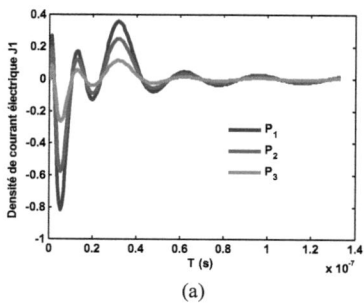
(a)

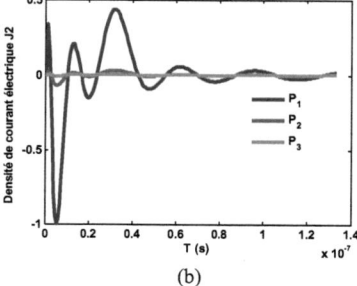
(b)

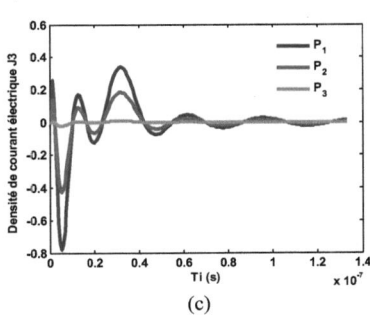

(c)

Figure 4.18: La réponse transitoire au centre de chaque antenne pour différentes positions : (a) Position 1 ; (b) Position 2 ; (c) Position 3.

4.4. Conclusion

Dans ce chapitre, nous avons développé un système d'équations intégrales en champ électrique (TD-EFIE) permettant la modélisation d'un système composé d'un ou de plusieurs obstacle(s) enfermé(s) dans une cavité rectangulaire et illuminé(s) par une onde électromagnétique transitoire externe à travers une ouverture pratiquée sur cette cavité.

Les différents systèmes d'équations intégrales sont résolus par application de la TD-MoM. Le schéma temporel appliqué est celui qui dérive de la base temporelle des fonctions de Laguerre. Il est important de noter que malgré la complexité des structures étudiées, nous avons obtenu des solutions stables.

L'étude paramétrique réalisée dans ce chapitre permet d'évaluer le blindage et de fixer les paramètres influant sur l'immunité du système à concevoir.

Conclusion Générale

La Méthode des Moments (MoM) a été largement utilisée pour la résolution des équations intégrales formulées dans le domaine temporel (DF-IE). Elle représente un outil très puissant pour la résolution des problèmes de diffraction et de rayonnement dans l'espace libre.

Dans ce présent manuscrit, nous avons appliqué la MoM pour la résolution des équations intégrales spatio-temporelles (TD-IE) afin de résoudre des problèmes de diffraction transitoire. En fait, le problème majeur de la résolution des (TD-IE) est l'instabilité des résultats obtenus. Ces problèmes ont fait l'objet de plusieurs travaux récents.

En se basant sur ces travaux de recherche, nous avons développé la Méthode des Moments temporelle en utilisant trois bases temporelles différentes. Par conséquent, nous avons abouti à trois techniques.

Dans la première technique, les fonctions de Dirac sont utilisées pour fixer les instants de mesure. En effet, nous avons procédé à la dérivation de l'équation intégrale (TD-IE), puis nous avons appliqué la jauge de Lorentz. Le schéma itératif résultant est obtenu par discrétisation des opérateurs spatial et temporel. Ce schéma nous a permis d'obtenir une solution sans inversion des matrices spatiales. Par contre, il présente l'inconvénient de relier les pas temporel et spatial pour respecter la condition de stabilité.

La deuxième technique fait appel aux fonctions B-Spline pour approximer les inconnus. Nous avons utilisé ces fonctions B-Spline comme base temporelle. Afin d'appliquer la MoM, les fonctions Dirac sont utilisées comme base de fonctions de test. Par conséquent, nous avons développé un schéma itératif qui permet de calculer des solutions stables. Toutefois, le problème que nous avons rencontré avec cette technique est le remplissage des matrices spatiales à chaque itération.

Avec la troisième technique, nous avons appliqué la MoM, particulièrement sa variante Galerkin, pour la résolution des (TD-IE). Les fonctions dérivant des polynômes de Laguerre ont été utilisées comme base temporelle. L'application de Galerkin a diminué les erreurs. Ainsi, avec le schéma développé, nous avons obtenu des solutions stables. L'avantage de cette technique est l'indépendance des pas, temporel et spatial.

Dans la suite de nos travaux, nous avons réussi à appliquer cette troisième technique pour résoudre des problèmes de diffraction transitoire relatifs à la compatibilité électromagnétique CEM.

En effet, nous avons appliqué la TD-MoM associée aux fonctions de Laguerre pour résoudre le problème de diffraction d'une onde incidente transitoire sur un fil mince. Ensuite, nous avons étendu notre formulation pour prédire la réponse transitoire d'un réseau d'antennes cont plusieurs éléments sont source de perturbation transitoire.

Finalement, nous avons modélisé une cavité rectangulaire dont une ouverture est percée sur l'une de ces parois. Ainsi, nous avons traité le problème fréquemment rencontré, de pénétration des perturbations à l'intérieur des cavités à travers ces ouvertures ou encore le couplage à travers l'ouverture. L'application de la MoM, avec les polynômes de Laguerre, nous a permis d'obtenir des solutions stables.

Nous proposons comme perspective pour compléter ce travail, l'application de la TD-MoM pour étudier la réponse transitoire d'un réseau d'antennes à base de Nano tube.

D'ailleurs, nous avons commencé la formulation de ce problème. Nous avons procédé à l'étude de la réponse d'une antenne à base Nano tube. Cette étude a été étendue pour étudier le couplage entre les éléments d'un réseau d'antennes. Nous avons prouvé que la TD-MoM peut résoudre des problèmes avec des structures de petite dimension. Les résultats obtenus sont en cours de validation.

Nous envisageons, enfin, comme perspectives d'appliquer la TD-MoM à l'analyse des circuits micro-ondes non-linéaires.

Annexe A
Les matrices spatiales issues du schéma Laguerre et les termes retard

Les expressions des matrices A_{mn}^{ij} et B_{mn}^{ij} sont définies par:

$$A_{mn}^{ij} = \left[-s^2 \frac{\mu a_{mn}^{ij}}{4} + \frac{b_{mn}^{ij}}{\varepsilon}\right] I_{bb}\left(s\left(R_{mn}^{ij}/c\right)\right) \tag{A.1}$$

$$B_{mn}^{ij} = \pm s \frac{c_{mn}^{ij}}{2} I_{bb}\left(s\left(R_{mn}^{ij}/c\right)\right) \tag{A.2}$$

Avec

$$I_{bb}\left(s\left(R_{mn}^{ij}/c\right)\right) = e^{-\frac{s}{2}\left(R_{mn}^{ij}/c\right)} \tag{A.3}$$

Les vecteurs retards sont exprimés par :

$$S_{m,b}^{1} = -\begin{bmatrix} -s^2 \mu \sum_{n=1}^{N_1} a_{mn}^{11} \sum_{k=0}^{b-1} (b-k) g_{n,k}^{1} I_{bb}(s(R_{mn}^{11}/c)) \\ -s^2 \mu \sum_{n=1}^{N_1} a_{mn}^{11} \sum_{a=0}^{b-1}\left[\frac{1}{4}g_{n,a}^{1} + \sum_{k=0}^{a-1}(a-k)g_{n,k}^{1}\right] I_{ba}(s(R_{mn}^{11}/c)) \\ +\frac{1}{\varepsilon}\sum_{n=1}^{N_1} b_{mn}^{11} \sum_{a=0}^{b-1} g_{n,a}^{1} I_{ba}(s(R_{mn}^{11}/c)) \\ -\sum_{n=1}^{N_3} sc_{mn}^{31} \sum_{k=0}^{b-1} l_{n,k} I_{bb}(s(R_{mn}^{31}/c)) \\ -\sum_{n=1}^{N_3} sc_{mn}^{31} \sum_{a=0}^{b-1}\left[\frac{1}{2}l_{n,a} + \sum_{k=0}^{a-1} l_{n,k}\right] I_{ba}(s(R_{mn}^{31}/c)) \end{bmatrix} \tag{A.4}$$

$$S_{m,b}^2 = -\begin{bmatrix} -s^2\mu \sum_{n=1}^{N_2} a_{mn}^{22} \sum_{k=0}^{b-1}(b-k)g_{n,k}^2 I_{bb}(s(R_{mn}^{22}/C)) \\ -s^2\mu \sum_{n=1}^{N_2} a_{mn}^{22} \sum_{a=0}^{b-1}\left[\frac{1}{4}g_{n,a}^2 + \sum_{k=0}^{a-1}(a-k)g_{n,k}^2\right]I_{ba}(s(R_{mn}^{22}/C)) \\ +\frac{1}{\varepsilon}\sum_{n=1}^{N_2} b_{mn}^{22} \sum_{a=0}^{b-1} g_{n,a}^2 I_{ba}(s(R_{mn}^{22}/C)) \\ +\sum_{n=1}^{N_3} sc_{mn}^{32} \sum_{k=0}^{b-1} l_{n,k} I_{bb}(s(R_{mn}^{32}/C)) \\ +\sum_{n=1}^{N_3} sc_{mn}^{32} \sum_{a=0}^{b-1}\left[\frac{1}{2}l_{n,a} + \sum_{k=0}^{a-1} l_{n,k}\right]I_{ba}(s(R_{mn}^{32}/C)) \end{bmatrix} \quad (A.5)$$

$$S_{m,b}^3 = -\begin{bmatrix} \begin{bmatrix} -s^2\mu \sum_{n=1}^{N_1} a_{mn}^{13} \sum_{k=0}^{b-1}(b-k)g_{n,k}^1 I_{bb}(s(R_{mn}^{13}/C)) \\ -s^2\mu \sum_{n=1}^{N_1} a_{mn}^{13} \sum_{a=0}^{b-1}\left[\frac{1}{4}g_{n,a}^1 + \sum_{k=0}^{a-1}(a-k)g_{n,k}^1\right]I_{ba}(s(R_{mn}^{13}/C)) \\ +\frac{1}{\varepsilon}\sum_{n=1}^{N_1} b_{mn}^{13} \sum_{a=0}^{b-1} g_{n,a}^1 I_{ba}(s(R_{mn}^{13}/C)) \end{bmatrix} \\ +\begin{bmatrix} -s^2\mu \sum_{n=1}^{N_2} a_{mn}^{23} \sum_{k=0}^{b-1}(b-k)g_{n,k}^2 I_{bb}(s(R_{mn}^{23}/C)) \\ -s^2\mu \sum_{n=1}^{N_2} a_{mn}^{23} \sum_{a=0}^{b-1}\left[\frac{1}{4}g_{n,a}^2 + \sum_{k=0}^{a-1}(a-k)g_{n,k}^2\right]I_{ba}(s(R_{mn}^{23}/C)) \\ +\frac{1}{\varepsilon}\sum_{n=1}^{N_2} b_{mn}^{23} \sum_{a=0}^{b-1} g_{n,a}^2 I_{ba}(s(R_{mn}^{23}/C)) \end{bmatrix} \\ -2\begin{bmatrix} \sum_{n=1}^{N_3} sc_{mn}^{33} \sum_{k=0}^{b-1} l_{n,k} I_{bb}(s(R_{mn}^{33}/C)) \\ +\sum_{n=1}^{N_3} sc_{mn}^{33} \sum_{a=0}^{b-1}\left[\frac{1}{2}l_{n,a} + \sum_{k=0}^{a-1} l_{n,k}\right]I_{ba}(s(R_{mn}^{33}/C)) \end{bmatrix} \end{bmatrix} \quad (A.6)$$

$$K_{m,b}^{4} = -\begin{bmatrix} -s^{2}\mu\sum_{n=1}^{N_{1}}a_{mn}^{14}\sum_{k=0}^{b-1}(b-k)g_{n,k}^{1}I_{bb}(s(R_{mn}^{14}/C)) \\ -s^{2}\mu\sum_{n=1}^{N_{1}}a_{mn}^{14}\sum_{a=0}^{b-1}\left[\frac{1}{4}g_{n,a}^{1}+\sum_{k=0}^{a-1}(a-k)g_{n,k}^{1}\right]I_{ba}(s(R_{mn}^{14}/C)) \\ +\frac{1}{\varepsilon}\sum_{n=1}^{N_{1}}b_{mn}^{14}\sum_{a=0}^{b-1}g_{n,a}^{1}I_{ba}(s(R_{mn}^{14}/C)) \\ -\sum_{n=1}^{N_{3}}sc_{mn}^{34}\sum_{k=0}^{b-1}l_{n,k}I_{bb}(s(R_{mn}^{34}/C)) \\ -\sum_{n=1}^{N_{3}}sc_{mn}^{34}\sum_{a=0}^{b-1}\left[\frac{1}{2}l_{n,a}+\sum_{k=0}^{a-1}l_{n,k}\right]I_{ba}(s(R_{mn}^{34}/C)) \end{bmatrix} \quad (A.7)$$

$$H_{m,b}^{4} = -\begin{bmatrix} -s^{2}\mu\sum_{n=1}^{N_{2}}a_{mn}^{24}\sum_{k=0}^{b-1}(b-k)g_{n,k}^{2}I_{bb}(s(R_{mn}^{24}/C)) \\ -s^{2}\mu\sum_{n=1}^{N_{2}}a_{mn}^{24}\sum_{a=0}^{b-1}\left[\frac{1}{4}g_{n,a}^{2}+\sum_{k=0}^{a-1}(a-k)g_{n,k}^{2}\right]I_{ba}(s(R_{mn}^{24}/C)) \\ +\frac{1}{\varepsilon}\sum_{n=1}^{N_{2}}b_{mn}^{24}\sum_{a=0}^{b-1}g_{n,a}^{2}I_{ba}(s(R_{mn}^{24}/C)) \\ +\sum_{n=1}^{N_{3}}sc_{mn}^{34}\sum_{k=0}^{b-1}l_{n,k}I_{bb}(s(R_{mn}^{34}/C)) \\ +\sum_{n=1}^{N_{3}}sc_{mn}^{34}\sum_{a=0}^{b-1}\left[\frac{1}{2}l_{n,a}+\sum_{k=0}^{a-1}l_{n,k}\right]I_{ba}(s(R_{mn}^{34}/C)) \end{bmatrix} \quad (A.8)$$

Références Bibliographiques

[1] Paul, Clayton R. *Introduction to electromagnetic compatibility*. Vol. 184. John Wiley & Sons, 2006.

[2] Charoy, A. "Parasites et perturbations des électroniques Tome 1: Sources Couplage Effets." *Dunod tech* (2000).

[3] Atrous, Sofiane. *Mise en place d'une méthodologie de caractérisation en immunité champ proche de dispositifs électroniques*. Diss. Rouen, 2009.

[4] Roblot, Sandrine. *Caractérisation des couplages électromagnétiques dans les réseaux filaires cuivre en vue d'optimiser les transmissions à haut débit*. Diss. Université de Limoges, 2008.

[5] Chahine, Imad. *Caractérisation et modélisation de la susceptibilité conduite des circuits intégrés aux perturbations électromagnétiques*. Diss. Rouen, 2007.

[6] Willis, P. E. "Low level swept frequency coupling and bulk current injection techniques as used to aid the control of EMI for the automotive industry." *EMC and the Motor Vehicle (Digest No: 1990/168), 1990 IEE Colloquium on*. IET, 1990.

[7] Pozzolo, V., et al. "Susceptibility of integrated circuits to RFI." *CPES Annual Seminar, Blacksburg, pages I10–I15*. 2002.

[8] Ker, Ming-Dou, Jeng-Jie Peng, and Hsin-Chin Jiang. "ESD test methods on integrated circuits: an overview." *Electronics, Circuits and Systems, 2001. ICECS 2001. The 8th IEEE International Conference on*. Vol. 2. IEEE, 2001.

[9] Groenveld, P., and A. De Jong. "A simple rf immunity test set-up." *IEEE 2nd Symposium on EMC*. 1977.

[10] Corona, Paolo, Giuseppe Ferrara, and Maurizio Migliaccio. "Generalized stochastic field model for reverberating chambers." *Electromagnetic Compatibility, IEEE Transactions on* 46.4 (2004): 655-660.

[11] Baum, Carl E. *On the singularity expansion method for the solution of electromagnetic interaction problems*. No. AFWL-88. AIR FORCE WEAPONS LAB KIRTLAND AFB NM, 1971.

[12] Tesche, F. M. "On the singularity expansion method as applied to electromagnetic scattering from thin-wires." *Interaction Note* 102 (1972): 53-62.

[13] Michalski, K. A., and L. Pearson. "Equivalent circuit synthesis for a loop antenna based on the singularity expansion method." *Antennas and Propagation, IEEE Transactions on* 32.5 (1984): 433-441.

[14] Licul, Stanislav. *Ultra-wideband antenna characterization and measurements*. Diss. Virginia Polytechnic Institute & State University, 2004.

[15] Licul, Stanislav, and William A. Davis. "Unified frequency and time-domain antenna modeling and characterization." *Antennas and Propagation, IEEE Transactions on* 53.9 (2005): 2882-2888.

[16] Sarrazin, François. *Caractérisation d'antennes par la méthode du développement en singularités appliquée au coefficient de rétrodiffusion*. Diss. Université Rennes 1, 2013.

[17] Yee, Kane S. "Numerical solution of initial boundary value problems involving Maxwell's equations in isotropic media." *IEEE Trans. Antennas Propag* 14.3 (1966): 302-307.

[18] Botteldooren, Dick. "Finite-difference time-domain simulation of low-frequency room acoustic problems." *The Journal of the Acoustical Society of America* 98.6 (1995): 3302-3308.

[19] Wang, Shuozhong. "Finite-difference time-domain approach to underwater acoustic scattering problems." *The Journal of the Acoustical Society of America* 99.4 (1996): 1924-1931.

[20] Holland, Richard, and John W. Williams. "Total-field versus scattered-field finite-difference codes: A comparative assessment." *Nuclear Science, IEEE Transactions on* 30.6 (1983): 4583-4588.

[21] Berenger, Jean-Pierre. "A perfectly matched layer for the absorption of electromagnetic waves." *Journal of computational physics* 114.2 (1994): 185-200.

[22] Roden, J. Alan, and Stephen D. Gedney. "Convolutional PML (CPML): An efficient FDTD implementation of the CFS-PML for arbitrary media." *Microwave and optical technology letters* 27.5 (2000): 334-338.

[23] Johns, Peter B., and R. L. Beurle. "Numerical solution of 2-dimensional scattering problems using a transmission-line matrix." *Proceedings of the Institution of Electrical Engineers*. Vol. 118. No. 9. IEE, 1971.

[24] Akhtarzad, S., and P. B. Johns. "Generalised elements for TLM method of numerical analysis." *Proceedings of the Institution of Electrical Engineers*. Vol. 122. No. 12. IET Digital Library, 1975.

[25] Oden, J. Tinsley. "A general theory of finite elements. II. Applications." *International Journal for Numerical Methods in Engineering* 1.3 (1969): 247-259.

[26] Mahjoubi, Najib. *Méthode générale de couplage de schéma d'intégration multiéchelle en temps en dynamique des structures*. Diss. PhD thesis, Institut National des Sciences Appliquées de Lyon, 2010.

[27] Newmark, Nathan Mortimore. "A method of computation for structural dynamics." *Proc. ASCE*. Vol. 85. No. 3. 1959.

[28] Wilson, E. L., I. Farhoomand, and K. J. Bathe. "Nonlinear dynamic analysis of complex structures." *Earthquake Engineering & Structural Dynamics* 1.3 (1972): 241-252.

[29] Houbolt, John C. "A recurrence matrix solution for the dynamic response of elastic aircraft." *Journal of the Aeronautical Sciences (Institute of the Aeronautical Sciences)* 17.9 (2012).

[30] Argyris, J. H., and D. W. Scharpf. "Finite elements in time and space." *Nuclear Engineering and Design* 10.4 (1969): 456-464.
[31] Rao, Sadasiva M., ed. *Time domain electromagnetics*. Academic Press, 1999.
[32] Zhang, Guai-Hong, M. Y. Xia, and Chi Hou Chan. "Time domain integral equation approach for analysis of transient responses by metallic-dielectric composite bodies." *Progress In Electromagnetics Research* (2008).
[33] Sachdeva, Niraj, Sadasiva M. Rao, and N. Balakrishnan. "A Comparison Of FDTD-PML With TDIE." *IEEE Transactions on Antennas and Propagation* 50.11 (2002): 1609-1614.
[34] Andriulli, Francesco P., et al. "A marching-on-in-time hierarchical scheme for the solution of the time domain electric field integral equation." *Antennas and Propagation, IEEE Transactions on* 55.12 (2007): 3734-3738.
[35] Ergin, A. Arif, Balasubramaniam Shanker, and Eric Michielssen. "The plane-wave time-domain algorithm for the fast analysis of transient wave phenomena." *Antennas and Propagation Magazine, IEEE* 41.4 (1999): 39-52.
[36] hou, Zhaoxian, and J. Scott Tyo. "An adaptive time-domain integral equation method for transient analysis of wire scatterer." *Antennas and Wireless Propagation Letters, IEEE* 4 (2005): 147-150.
[37] Sadigh, Ali, and Ercument Arvas. "Treating the instabilities in marching-on-in-time method from a different perspective [electromagnetic scattering]." *Antennas and Propagation, IEEE Transactions on* 41.12 (1993): 1695-1702.
[38] Davies, Penny J., and Dugald B. Duncan. "Averaging techniques for time-marching schemes for retarded potential integral equations." *Applied Numerical Mathematics* 23.3 (1997): 291-310.
[39] Rynne, B. P., and P. D. Smith. "Stability of time marching algorithms for the electric field integral equation." *Journal of Electromagnetic Waves and Applications* 4.12 (1990): 1181-1205.
[40] Rao, Sadasiva M., and Tapan K. Sarkar. "Transient analysis of electromagnetic scattering from wire structures utilizing an implicit time-domain integral-equation technique." *Microwave and Optical Technology Letters* 17.1 (1998): 66-69.
[41] Wu, Xia, and Lezhu Zhou. "Application of B-spline temporal basis function in time-domain finite element method for three-dimensional EM radiation problem." *Electromagnetic Compatibility and 19th International Zurich Symposium on Electromagnetic Compatibility, 2008. APEMC 2008. Asia-Pacific Symposium on*. IEEE, 2008.
[42] Zhang, Guai-Hong, Mingyao Xia, and Xiao-Min Jiang. "Transient analysis of wire structures using time domain integral equation method with exact matrix elements." *Progress In Electromagnetics Research* 92 (2009): 281-298.
[43] Jung, B. H., Y-S. Chung, and T. K. Sarkar. "Time-domain EFIE, MFIE, and CFIE formulations using Laguerre polynomials as temporal basis functions for the analysis of transient scattering from arbitrary shaped conducting structures." *Progress In Electromagnetics Research* 39 (2003): 1-45.
[44] Jung, Baek Ho, et al. "Transient electromagnetic scattering from dielectric objects using the electric field integral equation with Laguerre polynomials as temporal basis functions." *Antennas and Propagation, IEEE Transactions on* 52.9 (2004): 2329-2340.

[45] Jung, Baek Ho, et al. "Transient electromagnetic scattering from dielectric objects using the electric field integral equation with Laguerre polynomials as temporal basis functions." *Antennas and Propagation, IEEE Transactions on* 52.9 (2004): 2329-2340.

[46] Z. Mei, Y. Zhang, X. Zhao, B. H. Jung, T. K. Sarker and M. Salazar-Palma, "Choice of scaling Factor in a Marching-on-in-Degree Time Domain Technique Based on the Associated Laguerre Functions", IEEE Trans. Antennas Propagat, vol. 60, no. 9, September 2012.

[47] Gibson, Walton C. *The method of moments in electromagnetics*. CRC press, 2007.

[48] Coghetto, M., and C. Offelli. "A procedure for the evaluation of radiated emissions from polygonal wires with the method of moments." *Electromagnetic Compatibility, 1999 IEEE International Symposium on*. Vol. 1. IEEE, 1999.

[49] Dubost, Gérard, and Jean-Pierre Daniel. "Étude du couplage entre dipoles, application a une antenne a périodicité logarithmique dipolaire épaisse." *Annales des Télécommunications*. Vol. 26. No. 3-4. Springer-Verlag, 1971.

[50] Rancic, Milica P., and P. D. Rancic. "Two shifted coupled asymmetrical vertical dipole antennas above a lossy half-space." *Telecommunications in Modern Satellite, Cable and Broadcasting Services, 2005. 7th International Conference on*. Vol. 1. IEEE, 2005.

[51] Slob, Evert, and Jacob Fokkema. "Coupling effects of two electric dipoles on an interface." *Radio Science* 37.5 (2002): 6-1.

[52] Li, L., Li, L., Gao, C., and Zhao, Z. "Transient Response of Single or Coupled Wire Antennas Above Dielectric Half-space". *Microwave, Antenna, Propagation and EMC Technologies for Wireless Communications, 2007 International Symposium on IEEE*, (2007): 739-742.

[53] Seidel, David B. "Aperture excitation of a wire in a rectangular cavity." *Microwave Theory and Techniques, IEEE Transactions on* 26.11 (1978): 908-914.

[54] Bailin, M., and D. K. Cheng. "Transient electromagnetic fields coupled into a conducting cavity through a slot aperture." *Scientia Sinica Series Mathematical Physical Technical Sciences* 27 (1984): 775-784.

[55] Wright, D. B., R. Lee, and D. G. Dudley. "Transient current on a wire penetrating a cavity-backed circular aperture in an infinite screen." *Electromagnetic Compatibility, IEEE Transactions on* 32.3 (1990): 197-204.

[56] Omiya, Manabu, et al. "Design of cavity-backed slot antennas using the finite-difference time-domain technique." *Antennas and Propagation, IEEE Transactions on* 46.12 (1998): 1853-1858.

[57] Nitsch, Juergen B., Sergey V. Tkachenko, and Stefan Potthast. "Transient excitation of rectangular resonators through electrically small circular holes." *Electromagnetic Compatibility, IEEE Transactions on* 54.6 (2012): 1252-1259.

[58] Lertwiriyaprapa, Titipong, et al. "Analysis of impedance characteristics of a probe fed rectangular cavity-backed slot antenna." *IEEE ANTENNAS AND PROPAGATION SOCIETY INTERNATIONAL SYMPOSIUM*. Vol. 1. IEEE; 1999, 2001.

[59] Chen, Kun-Mu. "A mathematical formulation of the equivalence principle." *IEEE Transactions on Microwave Theory and Techniques* 37.10 (1989): 1576-1581.

[60] Booysen, Adriaan J. "Aperture theory and the equivalence theorem." *Antennas and Propagation Society International Symposium, 1999. IEEE*. Vol. 2. IEEE, 1999.

[61] Booysen, Adriaan J. "Aperture theory and the equivalence principle." *Antennas and Propagation Magazine, IEEE* 45.3 (2003): 29-40.

[62] Belhadj H, "Approche itérative basée sur l'algorithme du gradient conjugué combiné à la MCEG pour l'étude de la diffraction électromagnétique", ENIT, 2012.

Liste des publications

1. Article de revue internationale avec comité de lecture

Dorsaf Omri and Taoufik Aguili, "Transient analysis of a rectangular cavity containing an interior scatterer using TD-EFIE with weighted Laguerre polynomials as temporal basis functions," *accepted for publication in* **Progress In Electromagnetics Research (PIER) M**, Sep. 2014.

Dorsaf Omri and Taoufik Aguili, "Time domain techniques for electromagnetic coupling analysis of transient excitations of rectangular cavity through slot," **Journal of Electromagnetic Waves and Applications. Taylor & Francis Online, Apr. 2015.**

Dorsaf Omri, Mourad Aidi and Taoufik Aguili, "Marching-on in Degree Method for electromagnetic coupling analysis of Carbon Nanotubes (CNT) dipoles array," **Journal of Electromagnetic Waves and Applications. Taylor & Francis Online, Apr. 2015.**

2. Communication dans une conférence à comité de lecture

Dorsaf Omri and Taoufik Aguili, "Marching-on in Degree Method for electromagnetic analysis of transient scattering from thin wire antenna excited by radiated rectangular cavity," *The 2015 IEEE AP-S Symposium on Antennas and Propagation and URSI CNC/USNC Joint Meeting*, Vancouver, Canda, Jul. 2015.

Dorsaf Omri and Taoufik Aguili, "Resolution of Time Domain Electric Field Integral Equation for thin wire with Laguerre polynomials as temporal basis function and Piecewise Triangular Functions as spatial basis function," *14th Conference on Microwave Techniques COMITE 2015*, Pardubice, Tchèque, Apr. 2015.

Dorsaf Omri, Mourad Aidi and Taoufik Aguili, "Transient response of coupled wire antennas using the Electric Field Integral Equation with Laguerre Polynomials as temporal basis functions," *IEEE International Conference on Ultra-Wideband (ICUWB 2014)*, Paris, France, Sep. 2014.

Dorsaf Omri and Taoufik Aguili, "Resolution of Time Domain Electric Field Integral Equation for thin wire with Laguerre polynomials as temporal basis function and Piecewise Triangular

Functions as spatial basis function," *IEEE International Conference on Information Processing and Wireless Systems*, Djerba, Tunisia, Mar. 2013.

Dorsaf Omri and Taoufik Aguili, "The method of moments: A numerical technique for Time-Domain Electric Field Integral Equation on a straight thin wire," *Advanced Electromagnetics Symposium (AES)*, Paris, France, Apr. 2012.

Dorsaf Omri and Taoufik Aguili, "Transient electromagnetic scattering from thin wire: an iterative scheme to study a stable solution of the time domain electric field integral equation," *IEEE Applied Electromagnetics Conference (AEMC'11)*, Kolkata, India, Dec. 2011.

I want morebooks!

Buy your books fast and straightforward online - at one of the world's fastest growing online book stores! Environmentally sound due to Print-on-Demand technologies.

Buy your books online at

www.get-morebooks.com

Achetez vos livres en ligne, vite et bien, sur l'une des librairies en ligne les plus performantes au monde!
En protégeant nos ressources et notre environnement grâce à l'impression à la demande.

La librairie en ligne pour acheter plus vite

www.morebooks.fr

SIA OmniScriptum Publishing
Brivibas gatve 1 97
LV-103 9 Riga, Latvia
Telefax: +371 68620455

info@omniscriptum.com
www.omniscriptum.com

Printed by Books on Demand GmbH, Norderstedt / Germany